KB264634

산만한 아이는 머리가 좋다.

산만한 아이는 머리가 좋다

| 정윤서 지음 |

팝콘북스

산만한 아이를 관찰하면
호기심이 삐죽 솟은 머리를 볼 수 있다

아이의 방에 들어가면 학교 교실에서 묻히고 온 듯한 흙냄새가 났었고 책상 앞에는 방주인의 모의고사 성적표가 붙어 있었다. 모의고사 점수를 보며 반성하라고 붙여 놓게 했지만 정작 그 방에 갈 때마다 나를 반성하게 만들었던 성적표다.

대한민국의 학부모라면 누구나 성적표에 예민하고 내 아이만큼은 무엇보다 공부 머리가 좋기를 바랄 것이다. 나도 물론 그랬다. 하지만 예진이는 어려서부터 장난이 심하고 산만한 아이였다. 옛 속담에 "집안에서 새는 바가지 밖에서도 샌다."는 말이 있지만 예진이는 좀 달랐다. 집에서는 말 잘 듣고 착한 아이인데 밖에만 나가면 작은 사건들이 생겼다. "내 아이는 엄마만 모른다."는 말처럼 당시 어린 예진이가 그랬다.

내 친구들의 아이들은 책도 많이 읽고, 얌전하고 예쁜 아이였으며 경시대회에서 상을 받았고, 어른들 앞에서 밝고 청량한 목소리로 의견을 말할 줄 알았다. 그때마다 내 마음속에선 '헉' 소리가 났었다. 그 옆에서 엄마의 경쟁심과 부러움은 아무 상관없다는 듯 친구들과 놀고 싶어 안달이 난 귀여운 장난꾸러기가 예진이었다. 처음엔 혼을 내주겠다며 매를 들었는데 강도 높은 압박에도 아이의 행동은 변하지 않았다. 장난을 칠 때면 깊이 몰입하여 먹는 것조차 잊은 채 붉게 상기되는 아이의 얼굴이 그대로 하얀 도화지가 되어 나의 숙제로 남았다.

주변에서 애가 저렇게 산만한데 공부를 얼마나 하겠냐는 시선을 보냈지만 굴하지 않고 편견일 뿐이라 치부해버렸다. 그리고 그때부터 예진이를 관찰하기 시작했다. 예진이의 행동을 자세히 관찰하니 장난스럽지만 순수한 호기심이 보였다. 인형을 분해하고 금붕어 배를 터트리고 개구리 해부에 지대한 관심을 보이는 것이 관찰됐는데 남들이 보면 극성 맞은 장난꾸러기라 할지 모르겠지만 생물의 뱃속이 궁금했기 때문에 생긴 일이라 판단했다. 그래서 의학 혹은 생명공학 쪽에 적성이 있구나 싶어 그 호기심을 키워주기로 마음 먹었다.

공부를 잘 하고 싶은 열정도 관찰할 수 있었는데 다만 학습내용을 빠르게 이해하지 못하는 상태가 반복되다 보니 호기심과 열정이 다른 쪽으로 흘러가고 있는 안타까운 상황이었다.

호기심을 공부로 돌릴 방법을 찾기 시작했다. 그때부터 예진이가 이해할 때까지 설명해 주었고 선생님이 무슨 이야기를 하는지를 이해하고 나자 금새 학습에 흥미를 보여 주었다. 그 흥미를 발판 삼아 집중력을 키우는 습관을 들이기 시작했다. 결과적으로 공부 머리는 좋지 않은 예진이었지만 호기심을 집중력으로 바꾼 후부터는 그 누구의 도움을 받지 않고도 스스로 공부할 수 있는 공부 머리를 갖게 되었다. 아이는 자신만의 공부하는 스타일을 갖게 됐고, 대학에 진학한 현재도 만족할 만한 성적이 되도록 최선을 다하고 있다. 그런 아이에게서 자신의 삶을 관조하는 자신감까지 보인다.

처음에는 성적이 뒷받침 되지 않는 예진이와 교과서 위주의 학습을 하며 강남의 아이들과 경쟁하느라 무던히도 마음 고생을 했다. 경쟁에서 밀릴 때마다 실망하는 아이에게 선인들의 교훈을 들어 '교육은 멀리 보고 계획해야 한다는 점'을 강조해 다독였다. 네가 하는 방법이 맞다고 말이다.

학원에도 보내지 않고 무식하다고 생각할 정도로 교과서 위주의 학습을 시켰던 이유는 비록 단기간에 성적이 올라가지 않아도 아이의 공부가 깊어지는 것을 목격했고 같은 자리에서 공부하는 시간이 점차 길어지고 쉽게 이해되는 않은 많은 응용문제를 해결하기 위해 여러 가지 학습도구를 스스로 활용하는 모습을 보았기 때문이다. 정말 꼭꼭 씹어 소화시키며 자신의 것으로 온전히 만들어가는 그 과정 속에서 통통한 볼과 입가의 남아있던 꼬질꼬질한 장난기도 어느덧 사라지고 없었다.

아이가 수학능력시험을 보던 날, 어김없이 찾아온 한파 속에 햇살은

맑고 청명했다. 도로 가득 담긴 노란 은행잎은 선명하게 빛났다. 긴장 속에서 소란했던 아이들이 학교 안으로 사라지고 경찰차와 응급구조 차량만이 교문을 지키고 있었다. 조용해진 학교 옆 도로에서 교실을 바라보고 있을 때 아이에 대한 미안한 마음이 찾아들었다.

강남의 학원 숲으로 친구들이 사라지면 예진이는 집으로 돌아와 엄마와 교과서를 펴야 했다. 고집이 세고 원칙만을 부르짖는 엄마와 교과서와 인터넷으로만 공부를 했었다. 그 순간 아이가 나로 인해, 시험결과로 인해 세상을 원망하게 될 것 같은 두려움이 엄습해 왔다. 수능 결과가 좋지 않으면 아이가 나를 통해 세상을 원망하고 스스로 절망하게 될 것이 염려되었기 때문이었다.

교육에 대한 이상이 대학이라는 현실로 다가오자 두렵기 시작했고 확신이 무너지는 것을 경험했다. 은행잎이 노랗게 도로에 쌓였던 대입 시험장에서 나의 마음도 노랗게 타들어 갔었다.

다행히 아이는 서강대 생명과학과에 입학했다.

이 책은 학습에 흥미를 보이지 않고 이해력이 떨어지는 산만한 아이가 스스로 공부하는 방법을 알도록 키운 경험과 교과서 위주의 학습으로 좋은 성과를 낼 수 있었던 노하우를 담고 있다.

예진이를 관찰하던 초기에 느낀 것은 이해력과 집중력이 떨어지는 산만한 아이의 학습교육을 할 수 있는 사람은 세상에 단 한 명밖에 없다는 것이다. 아이를 가장 잘 이해하고 특성을 잘 관찰하며 인내심을 갖고 아이를 교육시킬 수 있는 조건을 갖춘 사람, 바로 엄마였다.

내가 우리 예진이를 위해 자연스럽게 집에서 예진이를 지도하는 엄마선생님이 된 것처럼 자신의 아이가 산만하다고 느끼는 엄마라면 직접 뛰어들어 아이를 조력하고자 마음 먹어야 한다고 생각한다.

장인은 거친 원석을 보더라도 화려한 보석으로 다듬어져 빛날 것임을 확신한다. 엄마는 장인과 같은 눈을 가져야 한다. 지금 아이가 산만하다 생각되면 잘 관찰해 보길 바란다. 호기심 머리를 갖고 있다는 것만으로도 아이는 거대한 가능성을 품고 있는 것이기 때문이다.

예진이처럼 공부에 집중력을 갖게 될 가능성을 품었을 수도 있고, 운동이나 예술 등 다른 분야의 가능성을 보일 수도 있다. 질 좋은 원석을 갖고도 알아보지 못해 그대로 묵히는 부모가 되지 않도록 아이를 귀하게 여겨주시길 빌어본다.

아이가 산만해도, 사교육을 따로 받지 않아도 오늘의 경쟁적 교육 현장에서도 통하는 것을 경험했다. 부족하나마 이런 나의 경험이 다른 사람을 통해 완성되길 희망한다.

2010년 마지막 달에

정윤서

목차

3장 집중력을 키워주는 깨알같은 비법들

4장 산만한 아이만을 위한 입시 체크 포인트

1장

산만한 우리 아이 예진이

영어학원은 다니는데
알파벳을 모르는 아이

10여 년 전 딸아이 예진이가 초등학교 1학년이었을 때 학부모 참관 수업이 있었다. 학부모들의 옷 색깔들만큼이나 다양한 아이들을 바라보며 '아! 이제 고생 시작이구나!'라는 생각이 들었다. 선생님이 수업을 진행하시는 동안 학부모들은 교실 뒤에 서서 참관했다. 나이가 지긋하신 여선생님은 아이들을 노련하면서도 다정하게 대해 주셨고 아이들은 재미있게 수업을 받고 있었다.

하지만 수업이 진행되고 있는 동안 선생님은 두 아이의 장난 때문에 난처해 하셨다. 부드러운 목소리로 여러 번 주의를 주셨는데 간절함이 묻어 있던 지적에도 아이들은 크게 신경 쓰지 않았다. 그런데 그 아이들 중 하나가 예진이었다. 잠시도 가만히 있지 못하는 예진이를 보며 뒤에 서 있는 내내 어찌 할 줄을 몰랐다. 집에서는 말도 잘 듣고 밝고 명랑한 아이였기 때문에, 설마 예진이가 수업에 방해를 주는 아이일 것이라고는 상상도 못해 무척 당황스러웠고 또한 놀라웠다.

학교에서 돌아온 예진이가 죄인처럼 소파 위에 앉아 온몸에 각을 세우고 있을 동안 나는 친구에게 전화로 속풀이를 했다.

"아침부터 화장하고 신경 써서 입고 간 옷이 다 민망할 지경이었어. 아! 이 일을 어쩌면 좋니? 어쩜 그렇게 집과 학교의 생활이 다를까 몰라."

평소 볼에 버짐이 날 정도로 뽀뽀를 해 주던 예진이가 싫어지긴 처음이었다. 유치원에 다닐 때에도 보지 못한 예진이의 모습을 보며 학교생활에 제대로 적응하지 못하고 있다는 생각이 들었다.

집 근처에 원어민 교사가 수업을 하는 유명한 영어 학원이 있었다. 화장실, 부엌, 시장 등의 실제 모습과 흡사한 세트를 만들어 놓고 실생활을 통해 영어를 가르쳐서 아이들이 재미있고 지루하지 않게 수업을 하는 곳이었다. 또한 당시에는 원어민과 수업을 하는 몇 안 되는 학원이었다.

장난을 좋아하는 예진이가 그나마 학습에 흥미를 가지는 계기가 될 수도 있겠다는 생각으로 그 학원에 보내며 조기영어교육을 시작했다. 예진이가 학원에서 오면 원어민과 흡사한 발음으로 나를 놀라게 하여 '이렇게 교육을 시키면 되는구나!' 하며 안도했다. 그런데 학원을 다닌 지 6개월쯤 지났을 때 일이 생겼다. 예진이와 텔레비전을 보고 있던 중

화면에 나오는 알파벳을 물어보았더니 대답을 못하는 것이었다.

"예진아! 너, 정말 이것도 몰라?"

"스티븐 티처가 그런 건 몰라도 된댔어요!"

"그래도 알파벳은 알아야지!"

"아냐, 몰라도 된다니까요! 엄마가 스티븐 티처한테 물어봐요!"

예진이의 자신 있는 대답을 듣고, 이해는 되지 않았지만 당시 문법위주의 학습에서 회화위주의 학습으로 바뀌려는 시도가 있었던 터라 내가 변화의 흐름을 이해하지 못하는 것일 수도 있겠다 싶었다. 하지만 혹시나 하는 마음으로 같은 학원에 아이를 보내고 있는 친구에게 물어보았다.

"아현이도 알파벳 구분 못해?"

"예진이가 장난이 심해서 그래. 뭐 차츰 나아지겠지."

내 질문에 친구가 해준 말이었다.

"그래, 원래 아이는 장난이 심해야 아이답지. 그래야 창의력도 크고."

같은 아파트에서 예진이와 같은 또래 딸을 둔 친구와 살다 보니 비교가 되는 것은 어쩔 수 없었다. 친구의 딸에 비해 장난이 심하고 책읽기를 싫어하는 예진이 때문에 늘 초라한 마음을 숨기고 의연한 척을 해야 했다.

그런데 친구 말을 곱씹다 보니 다른 뜻이 있을지 모른다는 생각이 들어 영어 학원에서 수업을 받고 있는 예진이가 궁금해지기 시작했다. 눈으로 확인하기 위해 학원으로 찾아 갔다. 수업 받고 있는 교실의 벽이

통유리로 되어 있어 아이를 쉽게 볼 수 있었다.

예진이가 말하던 스티븐 선생님이 자신과 눈을 맞추는 아이들과 열심히 영어로 수업을 하고 있는데 예진이는 수업은 뒷전이고 친구와 열심히 놀고 있었다. 스티븐 선생님이 간간히 무서운 눈을 하고 손가락을 입에 가져가 조용히 하라고 주의를 주었지만 예진이는 그러거나 말거나 관심이 없었다. 어린 아이이니까 장난이 심한 것은 어쩔 수 없다 하더라도, 재미있게 진행하는 학원에 가서 공부를 하면 학습에 대한 흥미를 가질 것이라는 기대가 한순간에 무너지고 말았다.

집에 있을 때는 말도 잘 듣고 공부를 싫어하는 아이가 아니었던 예진이가 학교나 학원에 가서 산만해지는 이유가 분명히 있을 것 같았다. 며칠을 두고 그 원인을 생각해 보니 예진이는 설명을 쉽게 이해하지 못하는 아이일 것이라는 생각이 들었다. 예진이가 처음 한글과 숫자를 깨칠 때도 여러 번 반복해서 설명을 해 주어야 했기 때문이다. 그렇지만 학교나 학원에서는 예진이가 이해하지 못하더라도 수업이 그냥 진행되기 때문에 집중하지 못하는 것이었다. 그 탓에 수업 시간에 장난을 하며 시간을 보낸다는 생각이 들었다.

그렇다면 아무리 좋은 학원에 간다 해도 학습 태도가 변하지 않고 다른 아이들의 수업을 방해할 정도의 문제를 일으킬 것이 뻔했다. 그래서 학원을 그만 두고 학습지를 시키면서 나와 예진이만의 공부를 집에서 시작했다.

강남에서 엄마가 직접 아이를 공부시킨다고 하면 보통 두 가지 말이 나온다. "아이 머리가 좋은가 봐요." 내지는 "엄마가 능력이 좋으신 가보다."이다. 하지만 당시 우리는 두 가지 모두 해당하지 않았다. 다만 예진이를 가장 잘 알고 있는 내가 교육하는 것이 다른 어떤 방법보다 좋은 결과를 얻을 수 있겠다는 판단이 들었을 뿐이었다.

최근 예진이를 대학에 보낸 후 성취감에 만족하고 있던 내가 혼란에 빠진 일이 있었다. 안면이 있던 여의사가 이 세상에서 자신의 어머니가 가장 싫다는 말을 했기 때문이다.

"아! 지긋지긋한 엄마하고 오늘도 또 싸웠어. 예진 엄마도 잘 생각해 봐. 예진이가 엄마와 함께 공부하는 동안 얼마나 지겨워했을지. 그것이야말로 고문이다. 집이나 엄마는 편해야 하잖아. 그런 엄마가 교육이라니. 그거 나도 해봐서 알지만 못할 짓이다. 난 지금도 엄마하고 싸움을 해. 나야말로 피해자야. 예진이도 지금 엄마를 무척 지겨워하고 있을지 몰라!"

여의사의 말은 알파맘, 즉 아이의 모든 일에 적극적으로 관여하는 엄마들의 단점을 이야기하는 것이었다. 그 말을 들은 나는 대학생이 된 예진이에게 정말 그렇게 느끼는지를 조심스레 물어보았다.

"엄마! 난 지금도 엄마가 아니었으면 어떻게 되었을지 상상이 안 돼요. 물론 내가 머리가 좋아서 이렇게 되었지만요, 훗훗. 그렇지만 엄마, 모든 아이들이 똑같진 않아요. 지금도 난 엄마가 선생님이었다는 생각보다는 친구라는 생각을 해요. 그러니 걱정 마세요."

요즘 아이들의 공부 방법과 범위는 부모 세대의 학창 시절과 많은 차이를 보인다. 그렇기 때문에 아이를 바라보는 엄마의 눈은 자연히 높아질 수밖에 없다. 교육의 현실을 알고 있기 때문이다. 그런 이유로 여의사의 문제는 지금과는 다른 시대의 문제라고 생각한다.

산만한 아이를 그냥 두고 볼 수 없었던 엄마가 의욕적으로 시작한 학습 교육이 언제나 순탄하지 않은 것은 당연했는지도 모른다. 그 과정 속에서 향상되지 않는 성적 앞에 나와 예진이는 늘 갈등을 겪었다. 지금의 이 방법이 과연 '올바른 것인가?', '전문 교육기관에 다녀야 하지 않는가?'를 고민했을 만큼 아이의 성적이 오르지 않았다. 하지만 예진이가 집에서 나와 함께 공부함으로써 성격도 많이 차분해졌고 학습 태도도 나아졌다. 그리고 예진이 혼자 공부하도록 유도할 때도 잘 따라주었다.

내가 예진이에게 학습에 대한 부분을 이해하도록 설명해 줬으니 선생님이라고 말할 수 있겠지만, 대부분은 인터넷 강의를 수강하도록 관리하고 시험지를 준비하여 풀도록 했고, 틀린 부분을 교과서에서 찾아 알려주었으니 엄밀히 말하면 조력자가 맞다.

비록 쉽지 않은 시간을 보냈지만, 지금 생각해 보면 잠시도 가만히 있지 못하며 장난을 좋아하던 산만한 예진이가, 스스로 공부하는 방법을 알고 공부의 즐거움을 알게 되었으니 엄마가 조력자이며 선생님이 된 것은 잘한 일이었다.

엄마가 선생님이 되고 나서 학기마다 받아오는 성적이 크게 나아지지는 않았지만 예진이는 자신이 꿈꾸던 대학에 합격했고 지금도 열심히 노력하고 있다. 그런 면에서 눈앞의 성적에 흔들리지 말고 좀 더 멀리 내다보고 계획하는 것이야말로 선생님이 된 엄마가 갖춰야 할 자세라고 생각한다.

우리 아이 집중력 어느 정도일까?

과연 우리 아이는 집중력이 떨어지는 산만한 아이인지 다음 표를 통해 체크해보자. 절대적 기준이 될 수는 없지만 부모가 어느 정도의 수준으로 아이를 대해야 하는지에 대한 기준이 될 수 있을 것이다.

항목	아님	가끔	자주	늘
1 멍하니 딴 생각을 자주 한다				
2 세세한 부분을 놓쳐서 실수가 잦다.				
3 숙제나 일을 순서대로 하지 못한다.				
4 다른 사람의 이야기에 귀 기울이지 않는 것처럼 보인다.				
5 활동을 시작하는 데까지 시간이 많이 걸린다.				
6 학용품이나 우산, 준비물 등을 자주 잃어버린다.				
7 숙제를 한 번에 끝내지 못한다.				
8 생각을 많이 해야 하는 활동을 싫어한다.				
9 금방 설명한 것도 쉽게 잊어버린다.				
10 한 가지 활동을 계속하지 못하고, 금방 다른 활동을 찾는다.				
11 조용히 활동하지 못하고 소란스럽다.				
12 놀이나 게임의 규칙을 잘 따르지 못하고 마음대로 하려고 한다.				
13 질문이 끝나기 전에 불쑥 대답한다.				
14 다른 사람의 활동을 방해하고 간섭한다.				
15 기분변화가 심하다.				
16 지나치게 수다스럽다.				
17 쉽게 흥분해서 화를 잘 내거나 쉽게 운다.				
18 한 자리에 오래 앉아 있지 못하고 계속 움직인다.				
19 요구하는 것이 있으면 금방 들어 주어야 한다.				
20 생각보다 행동이 앞선다.				

- **전혀 아님** 0점 **가끔** 1점 **자주** 2점 **늘** 3점
- **38~60점** 상당히 부족한 수준의 집중력
- **21~37점** 조금 부족한 수준의 집중력
- **10~20점** 보통 수준의 집중력
- **0~9점** 아주 높은 수준의 집중력

자료출처: 한국집중력센터 www.ikcc.co.kr

개구리 해부하려다가
발견한 적성

　　머리카락이 빠지고 몸통이 사라진 인형의 머리, 찢어진 거실 벽지, 멀쩡했던 라디오의 분해된 잔해들, 살아 있던 금붕어의 터진 뱃속 등은 장난이 심한 예진이에게 쉽게 일어나는 일상이었다.

　　"애가 누구를 닮아 저래? 더군다나 여자아이가!"

　　주변에서 들려오는 말 때문에 내면을 돌아보기도 했지만 겁 많기로 둘째가라면 서러워하는 나였기에 남편을 의심하기도 했고, 내 안에 또 다른 자아가 있는지 궁금하기도 했다.

　　예진이를 붙들어 놓고 이해를 할 때까지 설명해 주며 가르쳤더니 그럭저럭 알파벳도 알게 되고 학습지를 풀면서 한자도 제법 익히게 되었다. 당시 초등학교에서는 중간고사와 기말고사도 보았기 때문에 방과

후에는 나와 함께 학교 수업을 위한 참고서 공부도 했다. 예진이는 학습 태도는 나아졌지만 공부에 대한 열정이나 산만한 성품은 좀처럼 나아질 기미가 보이질 않았고, 학교에서 아이들과 싸움을 벌이는 등 여러 가지 문제를 안고 들어와 나를 기겁하게 했다.

예진이 초등학교 4학년 때의 일로 기억된다. 신바람이 난 표정의 예진이는 집에 들어오기가 무섭게 개구리를 잡아 뱃속을 보여 달라고 했다. 과학 시간에 개구리 해부 사진을 보았는데 직접 해 보고 싶다며 가방을 거실에 던져 놓고는 부엌으로 달려가 냄비며 집게를 찾더니만 아파트 뒷산으로 가자고 했다. 개구리를 만져보기는커녕 가까이 가 보지도 못한 나에게 개구리를 해부하겠다는 예진이가 큰 걱정이 되었다. 금붕어의 뱃속이 떠오르며 이대로 그냥 두면 예진이가 보고 싶어 하는 뱃속이 점점 큰 생물의 뱃속으로 바뀔 것 같아 머리끝이 쭈뼛 섰다.

"예진아, 너 정말 엄마에게 왜 그러니? 꼭 그러고 싶어? 학교에서 선생님하고 실험하지 않았어? 안 했으면 그림으로 보면 그만이지 그걸 왜 하고 싶어? 응?"

그동안 누적된 스트레스와 예진이에게 느끼는 섬뜩함으로 나도 모르게 화가 났다.

"선생님이 집에 가서 해부해 보고 싶은 사람은 해 보라고 하셨어요."

커진 엄마의 눈과 목소리에 겁먹은 예진이는 냄비와 집게를 부엌에 대충 가져다 놓고는 자기 방으로 들어가 버렸다.

공부의 성과도 중요했지만 예진이가 폭력적 가학적인 성격으로 자라는 것 같아 걱정이 되어 뭔가 변화시킬 일을 찾고자 고민했다. 피아노를 가르치면 조금 부드러워질 것 같았으나 그도 하기 싫어하여 그만둔 상태였다. 고민 끝에 예진이를 데리고 서점으로 갔다. 우선 생물을 해부해 놓은 책을 마음껏 고르게 했다.

그동안 공부를 가르쳐 보니 예진이는 학습에 빠른 진전도 보이지 않았고 예술적 재능마저 없다는 것을 알았다. 하지만 예진이가 꿈을 가져 목표가 생긴다면 개선이 될 것 같았다. 또한 해부를 해 보고 싶다는 예진이의 말에 의사의 꿈을 이루는 어린이 책을 하나 사 주었다.

"예진이는 의사가 될 재능이 아주 많아. 그러니까 해부를 하고 싶어하지. 이제부터 너의 꿈은 의사야. 알았어?"

개구리를 해부하는 장난을 해 보려다가 뜻하지 않게 의사의 꿈을 갖게 되자 예진이는 시큰둥한 반응을 보였다. 예진이의 반응이 내가 생각한 것보다 시원치 않았지만 그대로 물러설 수 없었다. 가족과 친지에게 전화를 걸어 개구리 사건을 예진이의 재능으로 해석해 전달했고 더불어 아이에게 격려를 하도록 부탁드렸다.

"네, 할아버지. 앞으로 잘해 볼게요. 제가 할아버지 건강하시도록 얼른 의사가 되어 좋은 약 드릴게요."

"그래요, 이모! 나 이제 의사가 제 꿈이래요. 아니 꿈이에요. 제가 잘해서 이모 공장 잘되게 해 드릴게요!"

이후 몇 통의 전화를 더 받으면서 예진이가 '장래 희망'을 의사로 받아들였던 일이 생각난다. 그러나 과연 적성에 정말 맞는지 궁금했기 때문에 얼마 후 무료로 운영되는 적성검사를 예진이에게 받아 보게 했다. 다행히 예진이에게 이과 소질이 있었으며, 미래 직업란에 의사가 포함되어 있었다. 예진이의 의사가 되는 꿈은 적성검사라는 객관적 사실이 뒷받침되고, 가족과 친지분의 믿음과 격려로 힘을 받은 것 같았다.

앞으로의 꿈을 찾아 주고 나자 예진이를 다루기가 좀 수월해졌다. 이유 있는 핑계가 생긴 것이다. 혹시 잠을 자고 싶다며 숙제를 미루는 예진이를 못 자게 하더라도, 친구와 놀고 싶다는 요구를 거절하더라도 예진이가 어느 정도 이해하는 것을 느끼게 되었다. 또한 다른 아이들과 다투고 오거나 산만한 모습을 보일 때마다 '훌륭한 의사가 될 사람'이라는 수식어가 달린 이름을 불러 주면 조금씩 주저하는 모습을 보였다.

예진이가 중학교에 입학하고 나서 입에서 엄마와 하는 교과서 공부를 시작했을 때도 특별한 목적의식이 없었더라면 학교공부와 병행하면서까지 공부하기는 어려웠을 것이라고 생각한다.

예진이와 함께 보낸 많은 시간 속에서 가장 힘이 되어 준 것이 바로 '장래의 꿈'이었다. 엄마인 나에게도 예진이의 '장래의 꿈'이 목표가 되어 어려움을 이길 수 있었고, 예진이도 어려움 앞에서 쉽게 포기하지 않을 수 있었던 원동력이었다. 엄마가 선생님이 되고자 한다면 우선 아이에게 꿈을 찾아 주는 것이 중요하다고 생각한다.

예진이가 중학교 2학년 때 공부하는 것이 힘들다며 '사진작가'가 되겠다는 말을 잠시 한 적이 있지만, 예진이는 지금도 의사를 목표로 하고 있다. 지금에 와서는 어린 시절 나에게 개구리를 해부해 달라고 했던 일이 오히려 다행이라는 생각이 든다.

얼마 전에 아이를 적성이 아닌 점수에 맞추어 대학에 보낸 어느 엄마의 근심을 들었다. 아이가 대학생활에 적응을 못 하여 다시 대학수학능력시험 공부를 하고 있다는 것이다. 대학이 마음에 들지 않아 다시 시험을 보겠다는 아이를 말릴 수가 없어 엄마가 무척 힘들다고 했다. 그 학생은 자신의 전공보다 대학 이름을 선택하려고 하는 것이었는데, 만일 그 아이가 전공을 따지지 않고 이름 있는 대학에 들어간다고 해도 만족할 수 있을지 걱정이 되었다.

무료 적성검사를 할 수 있는 곳

기관명	홈페이지	검사내용
한국직업 능력개발원	커리어넷 www.careernet. re.kr	1) 중학생: 직업적성검사, 직업흥미검사, 진로성숙도검사, 직업가치관검사 2) 고등학생: 직업적성검사, 직업흥미검사, 진로성숙도검사, 직업가치관검사 3) 대학생·성인: 진로개발준비도검사, 이공계 전공적합도검사, 주요능력효능감검사, 직업가치관검사

진학진로정 보센터	www.jinhak. or.kr/	1) 초등학생: 초등학생적성검사, 간편진로심리검사, 홀랜드진로발달검사 2) 중학생: 홀랜드진로발달검사, 홀랜드진로탐색검사, 간편진로심리검사, 기타심리검사 3) 고등학생: 홀랜드진로탐색검사, 홀랜드적성탐색검사, 간편진로심리검사, 기타심리검사
한국 가이던스	www.guidance. co.kr/	무료심리검사: 주의력결핍 과잉행동장애 진단검사, 반항성장애 진단검사, 학습장애 진단검사, 학교 따돌림 자기진단검사, 일반성격검사, 진로지향성 검사, 자율성 검사, 자아존중감 검사, 대인관계능력 검사, 정서안정성 검사, 자기신뢰도 검사, 대인관계 선호도 검사, 대담성 검사, 실리성 검사, 우울증 검사, 강박증 검사, 불안증 검사, 알콜장애 진단검사, 성공도 예측검사, 주의력결핍 과잉행동장애(ADHD), 인터넷/게임중독, 휴대전화중독
청소년 워크넷	www.work. go.kr/youth	1) 초등학생: 흥미로운 직업세계(나랑 맞는 직업선택, 간단한 검사) 2) 중학생: 직업심리검사, 청소년용 직업흥미검사, 청소년용 적성검사 3) 고등학생: 직업심리검사, 청소년용 직업흥미검사, 청소년용 적성검사
한국청소년 상담원 청소년사이 버상담센터	www.kyci.or.kr/ kyci/counsel2/	웹심리검사: 대인관계, 학업, 진로, 인터넷과다사용, 성과 이성

엄마 덕

몇 년 전 헬스클럽에서 운동을 하다가 항상 넉넉한 웃음을 짓는 50대 중반의 여류화가를 만나게 되었다. 겉보기에는 어디에도 화가다운 면이 보이질 않아서 직업을 소개받고 처음에는 좀 놀랐다.

"나 화가답지 않지? 내가 생각해도 그래. 그런데 다 엄마 때문이야. 울 엄마는 정말 극성이셨어. 지금도 학교 정문에서 엄마에게 붙잡혀 미술학원까지 끌려갈 때를 생각하면 정말 끔찍해."

내 생각을 읽었는지 점심을 같이 먹을 때 여류화가는 자신의 성공이 엄마 덕이라고 말해 주었다.

"그때면 40여 년 전인데 어머니께서 그렇게 열의가 있으셨어요? 굉장히 멋진 분이신가 봐요?"

"지금 생각하면 좀 일찍 깬 분이셨지. 하지만 그땐 엄마가 싫어서 가출도 했었어. 말이 가출이지 친구 집에 숨어 학교도 가지 않고 있었는데 거기까지 찾아오셔서 하루 만에 집으로 다시 끌려갔어. 목에 사슬을 매고 개처럼 끌려갔다고 생각될 정도야. 어찌나 강하셨는지 엄마가 없는 아이들이 부러울 정도였어."

여류화가의 말을 듣고 있자니 이해가 되면서도 힘든 것을 이겨내고 성공한 모습에 부러운 마음이 들었다.

"그런데 어떻게 화가가 되실 생각을 하셨어요? 그런 열정이시면 다른 일도 충분히 가능하셨을 것 같은데요?"

"내가 워낙 꼴통이거든. 공부를 너무 못했어. 그런데 엄마가 나보고 색을 보는 감각이 남다르다고 말씀하시는 거야. 내가 그림을 그릴 때 색을 다양하게 사용한다며 무조건 미술학원에 가라고 하시는 거야. 그렇다고 내가 그림을 잘 그리는 것도 아니었거든. 내가 원래 고집이 세. 그래서 뭐든 내가 하고 싶은 것을 해야지 누가 시키면 더 하기 싫어하는 사람이야. 그래서 그때부터 그림을 그리지 않았지. 또 잘 그린 그림도 아닌데 칭찬을 하니 좀 놀리는 것 같기도 했고. 그런데 학교 앞에서 나를 기다리시며 학원에 가자고 끌다시피 해서 데리고 가셨어. 첨엔 정말 놀랐다. 누가 알았겠어, 엄마가 나를 기다릴 줄을. 친구들과 놀러갈 생각에 들떠 엄마가 있는 줄도 모르고 교문을 나서다가 학원으로 끌려간 내 모습, 상상이 가지?"

그 상황이 연극처럼 떠오르며 웃음이 나왔다.

"지금 화가가 되신 것을 후회하세요?"

"아니, 내가 아이를 키우고 보니 울 엄마가 정말 대단하단 생각이 들어. 나의 재능을 알아보신 것도 맞았어. 나는 내가 그림을 잘 그린다고 생각하지 않았어. 그런데 엄마는 색감이 뛰어나단 것을 아신 거야. 엄마가 아니면 난 절대 여기까지 오지 못했어. 정말 엄마에게 감사한 것은 내가 초등학교 다닐 때부터 대학에 입학할 때까지 엄마는 거의 매일 학교 앞에서 나를 기다렸다가 학원에 보내셨어. 중 3 때인가 한번은 학원에 간다고 해놓고 친구들이랑 춘천으로 놀러 갔었지. 난 엄마에게 혼이 날 준비를 하고 집에 왔어. 그런데 엄마는 화를 내시는 것이 아니라 당신이 방심했다며 당신을 탓하시더라고. 울 엄마 대단하지? 그때부터 마음이 조금 열리더라. '엄마가 정말 나를 위해 애쓰시고 계시는구나!' 하는 생각이 들더라고."

여류화가의 어머니가 정말 대단한 분이란 생각이 들었다. 아이를 키워봤기 때문에 그렇게 하는 것이 절대 쉬운 일이 아니란 사실을 잘 알기 때문이다.

"그런데 엄마가 더 대단한 건 내가 대학에 입학하면서부터야. 난 엄마가 내 인생을 전부 지배할 것이라고 생각했거든. 그런데 엄마는 '이제 됐다. 내가 해줄 건 다했다.'라고 하시며 나와 관련된 모든 일에서 손을 떼시는 거야. 나중엔 은근히 섭섭한 마음까지 들더라니까.

그리고 엄마는 당신이 그동안 하고 싶었던 것들을 목록에 적어 놓으셨나 봐. 지금은 그것을 하나씩 지워 가며 재미있게 살고 계셔. 아직도 무척 건강하셔. 울 엄마가 아니면 난 지금 어떤 모습일까? 내 재능을 발견한 엄마가 있어서 내가 화가가 된 거야. 다 엄마 덕이지. 누가 나를 위해 그렇게 열심히 애쓰겠어. 엄마가 당신의 인생을 살겠다며 나를 그냥 두었다든지 아니면 재능을 발견하려고 노력하지 않으셨다면 지금의 난 없을 거야. 그리고 그 열정이 오로지 나를 잘 키우겠다는 뜻이어서 감사해. 엄마가 아니면 누가 그렇게 헌신적으로 하겠어.

난 지금도 내 이야기를 남들에게 많이 해주는 편이야. 왜냐하면 엄마들이 해야 하거든. 그냥 방치하지 말고 목표를 찾아가도록 애써야 하는 것은 엄마니까 가능한 것이고, 엄마가 아니면 그 누구도 그렇게 할 수 없으니까."

2장

산만한 호기심, 집중력으로 바꾸기

질문
반복하기

　　　　　　　　　엄마니까라는 책임감 하나로 본
격적으로 예진이와의 공부를 시작했다. 공부 방법을 고민할 때 결혼 전
나는 회사생활을 할 때의 경험이 도움이 됐다. 나는 전 사원을 대상으
로 컴퓨터 교육을 하는 업무를 했었다. 지금처럼 유틸리티 프로그램이
다양하게 개발되어 있지 않았기 때문에 컴퓨터 운영 시스템에 대한 교
육과 자료 관리 프로그램인 데이터베이스와 워드프로세서, 그리고 로
터스라는 계산관리 프로그램에 대한 교육을 했다. 수업은 아침 8시부
터 시작하여 오후 6시까지 일주일간 진행하여 컴퓨터로 업무를 할 수
있도록 교육하는 과정이었다. 수업을 하다 보면 하나라도 놓치지 않으
려 집중하는 사원도 있고 그렇지 않는 사원도 있다. 그러나 점심이 지
나면 어떤 사람이든 대부분 졸음이 와서 힘들어 했다.

"제가 지난주에 연극을 보았어요."

졸음이 올 때 쯤 강의를 하다 말고 불쑥 꺼낸 나의 말에 모두들 얼굴을 들어 시선을 집중한다. 미소를 지으며 '이제 좀 쉬어가는구나'라고 생각하는 것 같았다. 그러나 그것도 잠시일 뿐, 다시 시작된 교육은 쉽지 않았고 다 마치고 나서 늦게까지 남아서 이해하지 못한 부분을 물어보는 사원이 많았다. 아마도 반드시 일선 업무에 활용하여야 하기 때문에 그랬을 것이다.

"예진 엄마! 설명을 할 때 아이가 못 알아들으면 화가 나."

나처럼 아이를 직접 가르치는 한 엄마가 자신에게 가장 어려운 점을 말한 적이 있었다. 그것은 나도 마찬가지였다. 설명하는 내용이 조금 난해할 때는 예진이 스스로 "다시 설명해 주세요."라는 말을 하면 좋겠는데 아무 말도 하지 않고 졸고 있으니 나도 힘들었다. 그래도 예진이의 교육을 포기하지 않았던 이유는 과거에 회사를 다니며 교육을 한 경험 때문이었다. 대부분 일류 대학을 졸업한 어른들의 학습 태도와 아이의 학습 태도가 크게 다르지 않았다. 새로운 분야에 대한 교육 자체가 어른에게도 힘들다는 점을 경험으로 알고 있었기 때문에 아이에게도 힘들 것이라는 생각이 인내심을 키우는 데 도움이 되었다.

그런 이유로 나는 예진이의 이해력에 대한 기대치를 낮게 가지고 있었다. 예진이의 성향으로 보아 학습 성과에 대해서도 크게 기대하지 않았다. 다만 학교에서는 시험을 자주 보았고 예진이 스스로는 공부에 대한 열의가 없었기 때문에 불안한 마음이 생길 때마다 공부한 내용을 물어보았다. 밥을 먹을 때도, 입을 벌리고 텔레비전을 시청하고 있을 때도, 세일러문의 요술지팡이를 휘두르며 행복해 할 때도 공부한 내용을 물어보았다.

예진이에게 학생의 본분이 공부하는 것이라는 사실을 세뇌시키고 싶었다. 예진이의 머리는 온통 장난을 치고 싶다는 생각으로 가득했기 때문에 잔소리하는 것보다는 수시로 공부에 대한 질문을 하여 머리에 공부한 내용을 각인시키려 했다.

"예진아! 능소능대(能小能大)가 무슨 뜻이었지? 오늘 학습지에서 나온 한자가 모두 몇 개였지? 한번 생각나는 대로 말해 봐. 너 한자능력시험 보잖아!"

"오늘 학교에서 자연을 배웠지? 무슨 내용인지 말해 봐."

"원의 넓이 구하는 공식 말해 봐."

갑작스런 질문에 놀란 예진이가 당황하는 듯 보였지만 반복적으로 물어보았다. 대답이 틀리면 예진이에게 바로 찾아보게 했다. 나의 일관된 태도에 예진이가 조금씩 구체적으로 대답을 하게 되었고 대답내용도 길어지게 되었다. 나에게 대답해 줄 내용을 미리 준비하는 것 같았다.

혹시 대충 대답하는지 몰라서 예진이가 학교에 간 사이에 자습서로 내용을 미리 확인하고 있다가 예진이의 대답이 틀리면 바로 고쳐 주거나 스스로 확인하도록 했다. 이 방법은 내가 예진이의 학교 공부를 원격으로 지도한다는 생각마저 들게 했다. 그러자 나도 신이 나서 예진이

가 학교에 간 사이 좀 더 많은 내용을 알아두었고 심지어는 쪽지까지
작성하여 예진이에게 교과서의 내용을 요약해 주는 상황까지 가게 되
었다.

흔히들 아이의 유형을 구분할 때 머리가 좋고 부지런한 아이, 머리가
좋고 부지런하지 않은 아이, 머리가 나쁘고 부지런한 아이, 머리가 나
쁘고 부지런하지 않은 아이로 나눈다고 한다. 그런데 성공한 사람의 경
우 통계적으로 머리가 나쁘고 부지런한 사람이 많다고 한다. 자신이 부
족하다는 점을 알기 때문에 더욱 노력한 결과라는 것이다.

아이가 조금 부족하더라도 엄마가 부지런히 공부하도록 유도하면 선
천적인 재능을 보완할 수 있다고 생각한다. 그것은 예진이의 경우도 마
찬가지였다. 예진이가 공부한 내용을 잘 기억하지 못하고 빨리 이해하
지 못한다 하더라도 반복적으로 말하도록 하면 기억하는 내용이 많아
졌다. 또 수업 시간에 배운 내용을 엄마에게 말하기 위해 애써 기억해
오는 것을 보면서 머리가 좋지 않더라도 부지런히 공부하면 된다는 것
을 알 수 있었다.

하지만 그것만으로는 장난을 좋아하는 예진이에게 절대로 충분하지
않았다. 사람은 누구나 그렇지만 특히 아이들은 칭찬을 받으면 별다른
의심을 하지 않고 좀 더 잘하려는 태도를 보인다. 그렇기 때문에 나는
예진이가 지난번보다 조금이라도 나아지면 그 어떤 것이라해도 칭찬
을 아끼지 않았다. 학교에서 보는 시험뿐만 아니라 기억하는 단어가 많

아졌거나 학교에서 배운 내용을 제법 구체적으로 설명하면 호사스러운 찬사와 함께 그에 상응하는 선물을 주었다.

그러나 그것도 오래가지 않았기 때문에 일부러 주변 사람들에게 예진이가 공부를 잘한다는 말을 주변에 알렸다. 생각했던 것처럼 엄마가 칭찬할 때보다 주변 사람들에게 알렸을 때 예진이가 좀 더 진지해진 모습을 보였다. 산만한 모습이 줄었고 공부하는 태도도 조금 나아지게 되었다. 그리고 미미했지만 주변의 평가에 대해서 책임을 느끼는 것처럼 보였다. 주변 사람들은 지금도 예진이가 어려서부터 무척이나 머리가 좋고 공부에 타고난 자질이 있는 '일찍 깬' 아이로 생각하고 있다.

그 시기에 나도 예진이에게 가장 효과적인 공부 방법을 알게 되면서 자신감이 생겼다. 자세한 설명을 하고 배운 내용에 대해 반복해서 질문했을 때 장난을 좋아하는 예진이가 변화하는 것을 알아냈기 때문이다. 그래서 아이가 공부를 포기하는 것은 엄마의 노력이 부족하기 때문이라는 생각마저 들었다.

아이의 이해력을 높이는 방법

1. 아이와 함께 공부한 내용을 수시로 질문해 공부한 것을 잊지 않게 한다.

2. 학교에서 배운 내용을 엄마에게 말하도록 한다.

3. 엄마가 학교 교육 과정을 알아두어 아이의 이해 정도를 알아 둔다.

4. 주변 사람들에게 아이의 작은 성장도 자랑하여 성취감과 책임감을 갖도록 한다.

중요한 것은
과정

　　　　　　　　　　　도서관에서 주관하는 수필작가
의 문학 강좌를 들은 적이 있었다. 향기에 어울리지 않는 이름을 가진
쥐똥나무의 풋풋함이 아파트 단지에 잔잔하게 담기고 있던 초여름 즈
음의 일이다.

　예진이의 작문 숙제에 도움이 되는 흔치 않는 기회라서 친구와 함께
강좌에 참가했다. 키가 작고 따스한 눈을 가지고 있던 작가의 이름은
기억나지 않지만 그분이 들려준 여동생의 이야기는 또렷이 생각난다.

　"제게는 여동생이 있었어요. 몇 년 전에 부모님 일로 장문의 편지를
보냈더군요. 석 장 분량의 편지를 읽고 나서 저는 여동생의 편지에 빨
간 펜으로 문장의 틀린 부분을 고쳐 다시 보냈어요. 명색이 작가인 오
빠가 동생의 틀린 부분을 그냥 보고 있을 수가 없어서 알려 준 거지요.

그런데 그 후로 동생은 제게 편지를 보내지 않더군요. 훗훗.”

이해할 수 없는 것도 아니지만 내가 동생의 입장이라면 부끄러웠겠다는 생각이 들었다.

“너무 하셨네요. 그럼 저희 글도 수정해 주실 건가요? 하하!”

제법 큰 강의실에 모여 있던 사람들 속에서 들려온 질문이었다.

“아니요. 절대 그렇게 하지는 않을 겁니다. 제가 큰 잘못을 저질렀어요. 글은 마음이라는 것을 몰랐던 거예요. 여러분도 아이들의 글을 볼 때 절대 수정해 주지 마세요. 아이의 마음이거든요. 그리고 동생에게 사과하고 싶습니다. 그러나 이제 그럴 수가 없네요. 동생은 두 달 전에 세상을 떠났거든요. 그런데 이제 와서 제가 틀렸다는 생각이 들지 뭡니까. 훗훗.”

작가는 미소 지었지만 눈에 눈물이 고였고 눈물이 흐르지 않도록 속 울음을 삼켰다.

여동생에게 부끄러움을 주어 글을 쓰는 즐거움을 잃게 한 것이 작가의 실수일 것이다. 흔히 어떤 일의 결과에 대한 평가는 과정에 대한 평가보다 우선되어 그 일을 하는 이의 의욕을 꺾기도 하는데, 우리는 이런 사정을 파악하지 못하는 경우가 많다.

예진이가 어렸을 때 가장 많이 한 숙제는 일기쓰기였다. 예진이의 일기는 매일 선생님의 검사를 받게 되는데 빨간 펜으로 선생님의 의견이 쓰인 다음에야 하루를 마감한다. 그리고 다음 날 예진이는 다시 일기를 써야 한다. 예진이의 마음이 누군가에게 읽혀지고 평가되는 것 같아서 언제나 불만을 가지고 있던 터라 그 작가의 말처럼 '글은 마음이다'는 생각에 전적으로 공감했다.

내가 예진이와 공부하는 과정에서 그 작가와 여동생의 일이 도움이 되었는데, 결과보다는 과정을 중요시하고 예진이의 마음을 보도록 한 계기가 된 사건이 있었다.

초등학교 시절 예진이가 봄 소풍 때의 일이다. 학급에서 회장을 맡고 있었기 때문에 선생님과 예진이의 도시락 그리고 친구들을 위한 과일과 과자를 준비하여 제법 큰 가방을 들려 보냈다. 나는 정신없이 보낸 아침 때문에 부족한 잠을 자다가 예진이가 들어오는 소리에 잠에서 깨었다. 예진이는 얼굴이 꼬질꼬질해진 채 현관에 서 있었다.

"언제 왔니? 벌써 마쳤어? 아이고 엄마가 피곤했나 보다. 잘 다녀왔니? 선생님께 점심을 드렸어? 좋아하시든?"

쏟아지는 질문에 예진이는 입을 꾹 다물고 닭똥 같은 눈물을 흘리며 서 있었다.

"왜? 무슨 일이야? 어디 다쳤어?"

걱정스런 마음으로 예진이의 몸을 훑어가며 시간을 보니 예상했던 귀가 시간보다 1시간이나 먼저 집에 도착한 것이었다.

"엄마! 죄송해요. 가져간 도시락 가방을 그만 물에 빠트려서 아무것도 못 먹고 선생님께도 드리질 못했어요."

"그래서? 선생님도 점심을 못 드셨니?"

"아뇨, 전교회장 엄마가 뷔페를 준비해서 모두 잘 드셨어요."

"다행이구나. 그럼 됐다. 그런데 왜 울어? 네가 밥을 못 먹어서 그러니? 그리고 왜 이렇게 일찍 왔니?"

"소풍을 일찍 마쳤어요. 그런데 엄마가 새벽부터 만들어 주신 밥이 물어 젖어 있는 것을 보니 엄마 얼굴이 떠올라 너무 슬펐어요. 엄마가 저를 위해 새벽부터 고생하셨는데 먹지 못하게 되니까 엄마가 너무 불쌍했어요. 그냥 엄마가 너무 불쌍했어요."

왜 예진이는 내가 불쌍하다는 생각을 했을까 곰곰이 곱씹어 보았다. 엄마가 정성스레 준비했는데 그 가방을 물에 빠트리고 보니 자신이 못났다는 생각을 했을 테고, 그런 저를 위해 노력하는 엄마가 불쌍하게 생각됐을 것이다. 그때 처음으로 나는 예진이의 마음을 보았다. 예진이가 엄마의 노력을 알고 감사하는 마음.

'그냥 산만하고 장난만 치는 아이로 생각했는데, 그런 기특한 생각을 하다니!' 아이의 마음이 느껴지면서 어느새 훌쩍 컸구나 하는 생각이 들었다. 그 일이 있은 후 내가 예진이를 혼내더라도 한편으로 예진이가 엄마의 속마음을 다 알고 있을 것 같았다. 그런 생각이 들자 그 이후로는 예진이와 마음이 통하는 대화를 하려고 애쓰게 되었다.

예진이는 전에 본 시험의 점수가 높으면 다음 시험 준비를 할 때 다루기가 쉽지 않았다. 나쁘게 말하면 건방지게 변하곤 했다. '엄마의 간섭은 이제 필요 없음'이라고 이마에 달고 다닌다. 그런데 그런 모습을 보인 다음의 시험은 준비가 제대로 되질 않아 성적이 좋지 않았다. 그렇기 때문에 성적보다는 준비하는 과정을 평가하게 되었다.

시험을 마치고 점수가 나오는 날이 되면 예진이 친구의 엄마들이 전화를 하여 아이의 성적이 높지 않다고 하소연을 한다. 하지만 이야기를 하다 보면 그 아이의 성적은 예진이의 성적보다 높은 경우가 많았다. 그런데도 아이의 성적을 높이기 위해 좋은 방법이 없는지 묻는 전화를 받고 나면 착잡한 마음이 들었다. 좋은 성적을 바라는 마음은 부모라면 누구나 같을 것이다. 그러나 그런 전화를 받게 되면 너무 지나치게 욕심을 부린다는 생각이 들었다. 한두 과목의 점수가 높지 않다며 세상이 무너질 것 같은 표현을 하는 모습을 보면 아이의 마음을 키울 생각은 전혀 없는 부모처럼 보였기 때문이다.

나에게는 예진이를 향한 한 가지 꿈이 있었다. 최고가 된 사람보다 최선을 다하는 성숙한 사람이 되게 하고 싶었다. 너무 현실감이 없다는 남편의 지적도 있었지만, 최고를 향해 달려가는 사람의 건조함보다는 최선을 다한 사람이 풍기는 푸근한 향기가 나는 좋다. 예진이를 그런 아이로 키우고 싶었다.

예진이가 자라면서 남을 생각하고 마음 아파할 줄도 알고, 작은 수첩을 가지고 다니며 주변의 풍경도 느끼는 여유로움과 나이가 많더라도 꿈을 가지며 사는 사람이 되게 하고 싶었다. 하루를 소중히 사는 것 그 자체로 중요한 삶이기 때문이다.

교육은 과정이라고 생각한다. 결국 아이가 앞으로 문제를 해결할 때

도움을 줄 수 있는 방법을 일깨우는 과정인 것이다. 그 과정이 아이의 미래를 결정짓는 결과가 되어서도 안 된다고 본다. 과정을 결과로 만드는 것이 요즘의 교육이다. 내신을 대학 입시에 반영하는 것이 그렇다.

교과 과정에서 치러야 하는 시험은 한 단계 나아질 수 있는 발판이면 된다. 다행히 요즘에는 대학에서 수시모집을 할 때 봉사활동에 대한 가산점과 특기활동에 대한 가산점 등 많은 부분에서 과정에 대한 평가가 이루어지고 있다. 또한 자신의 학과계획서를 제출하게 하여 아이의 생각도 중요하게 평가하고 있다. 그런 면에서 무척 고무적인 일이라고 생각한다.

맞춤법이 엉망인 여동생의 편지, 표현이 엉성한 아이들의 일기장, 물에 빠져 물 위에 동동 떠 있는 엄마의 김밥과 음식들을 보며 엄마가 불쌍하다고 생각하는 마음은 그 자체만으로도 아름답고 소중한 것이다. 거기에는 오빠를 향한 사랑과 아이의 미래에 대한 희망과 설렘 그리고 엄마의 노고를 이해하는 마음이 담겨 있기 때문이다. 그것을 알도록 아이를 키워야 하지 않을까 한다.

결정은
아이 스스로

예진이가 초등학교에 다닐 때 주변의 많은 아이들이 여러 경시대회를 참가하여 상을 받아 대학 입학에 필요한 가산점을 준비하고 있었다. 그러던 중 마침 학교에서 나누어 준 공지문에 인터넷 검색사 자격시험이 언급되어 있었다. 나는 직장 경험을 살려 예진이와 함께 자격시험 공부를 시작했다.

인터넷 검색사 자격시험은 새로운 용어가 많은 데다 이상하게도 처음부터 예진이가 유독 하기 싫어해서 공부시키기 힘들었다.

"다른 거 하면 안 돼요? 이거 하기 싫어요. 다른 것도 많은데 왜 하필 인터넷이에요?"

내가 도와줄 수 있다는 이유를 들며 싫다는 예진이에게 두 달 동안 준비하게 하여 결국 자격증을 취득했지만, 강도 높은 시험 준비에 예진이가 무척 힘들어 했다. 그 이후 예진이는 나와 공부하는 것을 힘들어 했다. 자꾸 잠만 자려 하고 몸은 무거워 보여 그동안 잘해 왔던 모습을 찾을 수가 없었다.

겨울방학이 되어 중학교 선행학습을 준비하려는데 예진이가 뜻밖에 학원에 가고 싶다는 말을 했다. 마침 나도 언제까지 공부를 도와줄지를 결정하지 못하고 있었고, 인터넷 검색사 자격증 준비로 지쳐 있긴 마찬가지였다.

"공부 잘하는 하정이도 학원에 다니는데 저만 다니지 않으니 저도 보내 주세요. 학원에서 아이들과 함께 공부하고 싶어요."

"왜 가고 싶니? 엄마랑 공부하는 것이 싫어서 그러니?"

"아뇨, 그냥 학원에 가보고 싶어요. 다른 아이들이 내가 왜 학원에 가지 않는지 이상하게 생각해요. 나도 가고 싶어요."

그 시기에는 나도 예진이의 공부를 계속 도와줄 자신이 없었다. 예진이의 미래에 대한 불안한 마음도 있었고, 예진이도 어느 정도 산만한 태도가 많이 줄어들었다고 생각했다. 그리고 방학숙제나 글짓기에서 상장도 받아왔기 때문에 예진이가 학원에 가게 되면 적어도 수업을 방해하지는 않을 것 같아 종합학원에 보내기로 마음먹었다.

학원에 예진이를 보내고 나니 무거운 짐을 내려놓은 듯했다. 불안한 마음도 없어지고 한결 편해졌다. 그동안의 시간을 통해 의사의 꿈을 가질 기회도 있었고, 반복적인 학습을 통해 부지런히 공부하는 방법도 익혔기 때문이다. 또한 학원에 가서 좋은 선생님과 학과 공부를 잘 준비한다면 원하는 대학에 갈 수도 있다는 희망적인 생각마저 들기 시작했다.

그런 나의 희망에 부합하기라도 하듯 학원 반을 정하는 시험에서 상위 반에 배정이 되었고 1차 시험에서는 자랑스럽게 학원 전체 1등을 했다. 학원으로부터 예진이에게 특별지도를 하겠다는 전화도 받게 되니 나날이 예진이에 대한 기대로 충만해지고 있었다.

내가 행복해 하는 동안 예진이는 학원 선생님 말씀이 너무 빨라서 이해하지 못하겠다는 말을 간간히 하기 시작했다. 하지만 이후에 치른 시험에서 예진이의 성적이 좋았기 때문에 적응을 할 시간이 필요하기 때문일 것이라 생각하며 무심히 지내고 있었다.

학원에 다닌 지 서너 달이 지날 즈음 예진이는 작정한 듯 다시 집에서 공부하고 싶다고 했다.

"왜 집에서 공부하고 싶니?"

"선생님의 말씀은 너무 빨라서 이해할 수가 없어요. 그리고 필기를 하고 있는 중에 계속 말씀을 하시기 때문에 수업에 집중이 안 돼요."

"네가 이제부터 집에서 공부하겠다고 하면 다시 학원으로 가기는 힘들어. 학원은 진도를 맞추어야 하는데 집에서 공부를 하다가 다시 학원에 가게 되면 연결이 되질 않으니 좀 더 생각해 보고 결정하자. 그리고 지난번 엄마와 공부할 때 힘들었던 것을 생각해서 정말 네가 원하는 방향으로 결정을 내려야 해."

중학교 공부를 알려 줄 준비가 되어 있지 않았기 때문에 나는 걱정이 되었다. 그러나 이런 내 걱정을 모르는 예진이는 얼마 지나지 않아 학원에 가지 않았고 학원 선생님의 만류에도 불구하고 본격적으로 중학 과정을 집에서 공부하겠다며 혼자 사기를 불태우고 있었다.

막막하기는 했지만 예진이는 집에서 공부하겠다는 생각을 하고 난 이후 자세가 달라져 있었고, 확고한 의지도 보여서 나도 다시 마음을 잡고 여러 가지 준비를 하게 되었다.

지나고 보니 인터넷 검색사 자격증은 대학 입학 때 아무 도움도 되지 않았다. 오히려 어린 예진이가 컴퓨터를 보면 멀미가 날 것 같다고 해서 인터넷 방송 강좌를 들을 때 힘들어 하는 역효과만 낳았다.

이후 나는 무슨 일이든 예진이의 일은 예진이 스스로 결정하도록 했다. 내 입장에서는 예진이가 결정하게 하는 편이 예진이를 통제하기도 쉬웠다. 또한 예진이도 스스로 결정한 일은 비교적 지키려고 했다. 그런 이유로 나는 많은 결정을 예진이가 하도록 했다.

집에서 공부를 하다 보니 쉬는 공간과 공부하는 공간이 같은 것이 문제가 되었다. 재미있게 텔레비전을 보다가 바로 공부를 하자고 하면 자세부터 쉽게 잡히지 않게 된다. 그래서 규칙을 정해야 했는데 이때도 모든 결정권을 예진이에게 넘겨주었다. 또한 교과목 진행 과정도 예진이가 정하여 계획표를 작성했다. 그 이유는 예진이가 결정을 하고 나는 보조해 주는 역할만 함으로써 모든 책임이 예진이에게 있다는 것을 강조하기 위해서였다.

늦게까지 공부하다 보면 졸음을 참지 못하는 예진이는 나에게 그만

하자고 사정을 했다.

"엄마 졸려서 못하겠어요. 내일하면 안 돼요?"

"엄마도 안 자잖아. 얼른 끝마쳐. 마치는 것이 중요해."

"내일 맑은 정신으로 들을게요. 정말 약속할게요."

"계획한 내용을 지키지 못하면 목표를 이룰 수 없다고 생각해. 그리고 네가 정한 거잖아. 하지만 지키도록 도와주는 것은 엄마야."

그렇게 본인의 결정임을 상기시켰더니 계획을 지키는 것을 힘들어하면서도 대체로 잘 따라와 주었다. 그리고 다음에 다시 계획표를 작성할 때 조금씩 공부의 양을 늘리고 잠자는 시간을 줄이는 것도 예진이가 스스로 정했다. 그런 모습을 보며 예진이가 자신의 미래에 대해 매우 신중하다는 것을 알게 되었다. 또한 자신이 결정을 내릴 수 있고 엄마가 도와주려 한다는 것을 알게 되면 최선을 다하려고 노력했다.

그런 과정 속에서 알게 된 사실은 예진이는 자기가 정한 목표를 달성하지 못하면 실패한 원인을 자신의 탓으로 돌려 스스로 후퇴하려 든다는 점이었다. 그래서 예진이가 목표에 달성하도록 내가 도와주어야만 했다. 그 이후 나는 목표의 기대치를 조금 낮추어 계획이 진행되도록 유도했다.

"필기를 너무 꼼꼼히 하지 말고 대신 방송만 들어. 그리고 충분히 필기가 되어 있지 않은 부분은 다음에 다시 선생님과 공부할 때 자세히 들어야 한다는 표시를 해."

"진짜? 그래도 돼요?"

“오늘은 너무 늦었지만 방송을 마치고 자자. 자꾸 미루게 되면 계획이 엉망이 되잖아.”

그렇게 예진이에게 조금씩 여유를 주며 계획한 분량을 마치게 하자 성취감을 느끼게 되는 동시에 조금씩 자기 자신에 대해 자신감을 갖게 되는 것을 알았다.

“엄마 들어가서 주무세요. 저는 이 강좌까지 마치고 잘게요.”

옆에서 졸고 있는 나를 보고 예진이가 한 말이 생각난다. 너무 기특해서 아직도 그날 밤을 기억한다. 작은 몸으로 의자에 앉아 모니터를 바라보며 공부하던 예진이를 보며 이제 엄마 도움 없이 혼자서도 공부할 수 있겠다는 생각이 들던 밤이었다.

재미의 가장 중요한 전제조건은 자신이 행위의 주체가 되는 것이다. 심리학에서는 '선택의 자유(freedom of choice)'가 재미를 결정짓는다고 설명한다. 높은 산에 땀을 뻘뻘 흘리며 올라가는 일을 만약 누가 시켜서 한다고 생각해 보자. 절대 못 올라간다. 그러나 자기가 선택한 일이라면 사람들은 힘들어도 어떻게든 올라가려고 기를 쓴다. 자신이 선택한 일이기 때문에 재미있는 것이다.

– 《나는 아내와의 결혼을 후회한다》 문화심리학자 김정운 저

책임감 형성 돕기 – 기노트 이론 – 인본주의적 심리학자

자녀가 성장해 감에 따라 자녀의 행동에 대하여 책임감을 가지도록 양육하는 방법은 자녀에게 가능한 양자택일을 할 수 있는 기회를 주는 것이다. 스스로 선택하고 자신이 선택한 것에 대해 책임지는 것을 배울 수 있게 한다. 아동은 자신이 이해할 수 있는 범위 내에서 그 한계가 합리적으로 주어질 때 규율과 책임감 등 좋은 습관을 형성할 수 있다.

– 《훈련중심 – 부모교육》 이숙, 우희정, 최진아, 이춘아 공저

흔히들 자립심을 키우기 위해 아이가 넘어지면 혼자 일어나게 한다. 하지만 그것은 좋은 방법이 아니라고 생각한다. 내 경험상 그랬다. 초등학생 시절 운동장에서 처음으로 자전거를 타던 내가 넘어져 손에 상처를 입은 일이 있다.

"물을 먹어 봐. 다친 곳으로 물이 새지 않으면 다쳤다고 해서 크게 걱정할 것 없다."

큰 상처가 아니라고 생각한 아버지는 간단한 치료를 해 주시고 내게 더 강해지라는 뜻으로 말씀하셨다. 하지만 이후 며칠 동안 계속 통증은 이어졌고 손에 금이 간 것을 나중에야 알게 되었다. 아버지는 말씀드리지 않았다고 꾸지람을 하셨다. 아버지 말을 곧이 곧대로 믿고 물이 새지 않았기에 말씀드리지 않았던 것인데, 아버지께서야 자립심을 의도

하신 것이겠지만 그 사건을 통해 내가 갖게 된 것은 외로움이었다.

아이들은 부모가 의도하는 대로 따라오지 못하기도 한다. 우리 아버지처럼 의도를 가지고 아이에게 이야기를 했다가 잘못하면 역효과가 날 수 있다. 그보다는 아프다는 나를 따듯이 안아주셨다면 좋았지 않을까 생각해 본다. 우리 아이들의 경우도 다그치고 끌기보다 아이들이 공부를 하면서 느끼는 힘든 마음을 엄마가 알아주어야 한다고 생각한다. 예진이가 고등학교에 다니면서 성적이 뜻대로 오르지 않자 학원에 다니고 싶다는 말을 했다. 집 근처의 유명한 종합학원에 가서 커리큘럼을 알아보고 무척 놀랐다. 오후 6시부터 밤 10시까지 수업이 진행되기 때문이었다. 아침 7시에 학교에 가서 공부를 하고 오후 4시에 귀가하는 아이가 다시 학원으로 가야 한다는 말인데, 결국 아이가 하루에 쉴 수 있는 시간이 없게 된다.

예진이는 공부의 양이 많아지면 미처 전부 이해하지 못하고 넘어가는 경우가 많았다. 그래서 교과서를 공부할 때도 분량을 조절했다. 그런데 사교육까지 받게 되면 학교 교과 과정과 다른 단원을 공부하기 때문에 수업 시간과 단원의 분량이 매우 많아진다. 이렇게 되면 학교 수업과 학원 수업을 합하여 상당히 많은 양의 공부를 해야 한다. 이런 상황에서 산만한 아이라면 이해하지 못하고 넘어가는 것이 있을 수 있다.

예진이는 학교에서 공부한 내용을 복습하고 인터넷으로 예습을 하기 때문에 공부하는 과목이나 단원의 수는 많지 않았다. 학기 중에는 학교 공부를 복습하기에도 시간이 부족하여 인터넷 강좌는 제대로 들을 수도 없었다. 그날 배운 과목을 복습하고 부족한 내용을 참고서에서 찾고 문제집을 풀었는데도 시간이 부족했다. 다음날 수업을 듣다가 졸음이 온다고 하여 밤 12시까지 공부를 하고 새벽 1시 전에 잠을 잤다. 물론 시험 기간에는 공부 시간을 늘렸지만 여전히 다른 아이들보다 잠을 많이 자는 편이었다. 그래서 예진이는 수업 시간에 졸지 않는 몇 안 되는 아이들 중 하나였다.

"엄마! 아이들이 수업 시간에 학원 숙제를 하느라고 수업을 듣지 못해요. 숙제가 너무 많아 자습서의 내용을 옮겨 적어서 학원 숙제를 해요. 내가 친구한테 그렇게 공부해도 되는지 물어 봤어요. '몰라, 숙제가 많아서 죽을 것 같아. 처음엔 숙제하면서 공부가 잘되는 것 같더니 지금은 숙제하러 학원가는 것 같아.' 그러는 거 있죠!"

예진이는 친구의 목소리까지 흉내 내어 말했다.

"친구 말로는 학원에서는 시험도 무척 많이 본대요. 수업이 끝나면 시험 보기 바쁜데 처음엔 잘 보려고 하다가 이젠 대충 본대요. 시험 점수를 학원에 붙여 놓고 툭하면 엄마를 불러서 일러댄다나. 어느 정도 시간이 지나니까 엄마 잔소리도 신경 안 쓰인다고 힘들어 죽겠다고 그래요."

공부의 양을 늘리는 것은 아이, 특히나 산만한 아이에게는 도움이 되지 않는다고 생각한다. 아이에게는 이해할 수 있는 한계가 있다. 이런 문제를 엄마가 알았으면 좋겠다. 아이가 힘든 생활을 하고 있다면 원인가운데 하나가 공부의 양이 너무 많은 것이며 엄마가 그렇게 만들고 있는 것이다.

학원에 다니는 아이가 열심히 공부하면 성적이 높은 것은 분명하다. 그러나 보통의 아이라면 높은 성적은 오래가지 않는다. 아이들이 공부하는 12년은 긴 시간이다. 그 시간 동안 너무 아이의 성적에만 집중하게 되면 결과가 좋지 않다는 것을 알려주고 싶다. 예진이는 공부에 흥미가 없는 개구쟁이 아이였다. 그런 아이가 공부를 잘하도록 도와주기 위한 방법의 하나는 공부의 양을 줄이고 기초를 다지는 것이다.

산만한 아이가 학원을 줄여야 하는 이유

산만한 아이들의 특성상 많은 양을 한꺼번에 이해시키려고 하면 과부하가 걸릴 수 있다. 학원 수업은 학원 진도보다 빠르게 진행되기 마련이기 때문에 두 가지를 한꺼번에 소화하는 것은 바람직하지 못하다. 정확히 짚어주고 복습을 해주는 것이 오히려 집중하기 쉬워지기 때문에 학원에 시간을 뺏기기보다 본인의 페이스에 맞게 복습과 예습을 할 수 있도록 습관들여주는 것이 훨씬 중요하다고 할 수 있다.

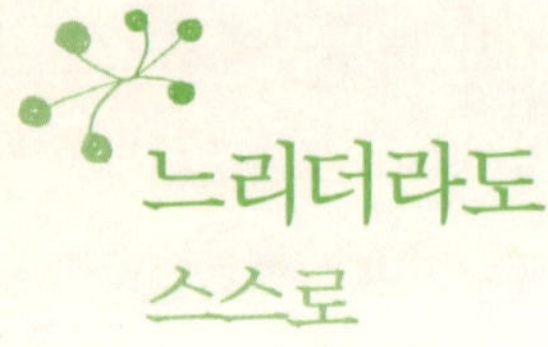

느리더라도
스스로

　　　　　　　　　예진이가 고등학교에 들어가서
본 첫 시험이 전국 모의고사였다. 예진이는 중학교 3년 동안 교과 과정
을 충실히 공부했고 고등학교 선행학습은 인터넷으로 준비하며 보냈
다. 중학교에 다니는 동안 반에서 1, 2등을 유지했기 때문에 고등학교
에 올라가도 잘해 줄 것 같았는데 예진이는 예상외로 낮은 점수를 받았
다. 그리고 어디에 있었는지 모를 정도로 조용히 지내던 아이들이 상위
권으로 올라왔다. 고등학교를 배정받을 때 반에서 1등으로 배치되었던
예진이는 선생님에게 실망을 안겨드렸고 1학기가 다 지나도록 그때의
성적을 회복하지 못했다.

　예진이는 학년 초에 선생님과 상담을 하며 혼자 공부한 과정을 설명
드렸는데 상담 내내 낮은 점수 때문에 부끄러웠다고 했다. 나도 소신을

가지고 공부를 시켰다는 생각을 했는데 그 순간 다른 사람의 경험을 무시했다는 생각이 들면서 후회가 되었다.

주변의 다른 부모들이 중학교에 다니면서 고등학교 수학과 영어 그리고 과학을 집중적으로 공부시킨다는 말을 여러 곳에서 들었다. 또 아이들의 중학교 성적에 신경을 쓰지 않는다고 했다. 그런데 그 말이 생각나며 후회가 되었다.

물론 나도 시도하지 않은 것은 아니다. 중학교 1학년부터 영어 문법을 선행학습했을 때 예진이가 무리 없이 공부했기 때문에 고등학교 수학과 과학을 인터넷 강좌로 선행학습했다. 하지만 예진이는 수업내용을 이해하지 못했다. 인터넷 강좌의 설명이 부족하다고 생각되어 강의 사이트를 변경하거나 교과목을 단원별로 나누어 자세히 설명하는 강의도 들어보았지만 예진이는 어려워했다. 예진이는 강의만 틀어 놓으면 졸거나 딴청을 부려 할 수 없이 그만두었다. 그러나 중학교 공부는 잘 따라와 주었기 때문에 나는 선행학습도 아이의 시기에 맞추어야 하며 시기를 무시한 선행학습은 아이에게 무리라는 생각으로 시기를 늦추었다. 본격적으로 선행학습을 한 시기가 중학교 3학년부터였는데 시험을 보고 나니 시기적으로 늦었다는 생각이 들었다.

3월 전국모의고사는 중학교 전 과정을 평가하는 시험이었는데 생각보다 어려웠다. 중학교 공부를 열심히 했지만 통합적인 문제를 풀지 못했기 때문이다. 고등학교 과정의 모의고사나 내신 문제 역시 같은 유형으로 출제되었다. 그런 시험을 준비하기 위해서는 교과 과정의 내용을 충분히 익혀야 했다. 예진이는 단순히 내용을 확인하는 정도로 공부했기 때문에 응용 문제는 풀 수 없었다. 그렇게 실패를 겪고 나자 예전처럼 공부하기가 쉽지 않았다. 그리고 두 달에 한 번씩 모의고사와 내신 시험을 보기 때문에 정신을 차릴 수가 없었다. 그 시기에 나와 예진이는 허둥대며 시간을 보냈다.

"엄마! 저도 학원에 보내 주세요. 혼자서 공부하는 게 너무 힘들어요. 전교 1등을 하는 경민이와 올림피아드 수학경시대회에서 금상을 받은 아현이도 A학원에 다녀요. 나도 A학원에 가서 공부하고 싶어요."

예진이가 고등학교에 입학한 지 중반을 넘길 때의 일이다.

"진짜에요 엄마! 도저히 성적이 오르질 않으니 학원에 가야 될 것 같아요. 중학교 때처럼 공부하기엔 모르는 문제가 너무 많아요."

학교 앞에서 나눠 준 학원 전단지를 내밀며 학원의 특징을 설명하면서 가고 싶은 학원을 그림으로 보여 주었다.

하지만 나는 쉽게 결정할 수가 없었다. 학원에서 제공하는 커리큘럼은 학습을 빠르게 진행했고 대부분은 시험을 준비했다. 하지만 선행학습이 미흡했던 예진이는 교과목에 대한 이해가 부족한 상태였다. 학원에서는 기본 수업 외에 모의고사와 학교 내신 준비를 했는데 예진이는 교과목을 이해하기에도 시간이 부족했다. 나는 시험 준비보다 교과목에 대한 이해가 먼저 이루어져야 한다고 판단했다. 그렇게 공부하지 않으면 사상누각이 될 것 같았다. 그래서 나의 결정을 예진이에게 설명해 주었다.

"엄마는 지금까지 해 온 것처럼 공부해야 앞으로 네 성적이 나아 질 거라고 생각해."

"그럼 좋은 대학에 갈 수 없어요. 제가 수학 문제를 풀지 못할 때 얼마나 답답한 줄 아세요? 다른 아이들은 쉽게 푼단 말이에요."

"지금은 힘들지만 시간을 길게 보고 차분히 공부하다 보면 분명히 성적이 오를 거야. 그러니 성적에 힘들어 하지 말고 최선을 다해 공부해보자."

"그럼 대학은요? 모르는 문제 때문에 선생님과 아이들에게 매일 물어 볼 순 없잖아요? 매번 교무실에 가서 선생님께 물어보는 애는 나밖에 없어요. 창피해 죽겠어요. 친구들에게 모르는 문제를 물어보면 안 가르쳐 준단 말이에요. 왜 이렇게 공부해야 하는지 모르겠어요? 제가 학원에 안 가고 혼자 공부한다고 대학에서 알아주는 것도 아니잖아요?"

"좀 길게 생각해 보자. 공부는 네가 하는 거야. 성적 때문에 학원에 가면 혼자 공부한 시간은 의미가 없어져."

"그게 뭐가 중요해요? 그보단 대학에 갈 순 있잖아요?"

"학원에 간 아이가 모두 대학에 입학하진 않아."

"그래도 지금처럼 할 순 없어요."

사실 나도 예진이와 마찬가지로 고등학교 과정을 혼자서 공부하는 것은 쉬운 일이 아니라고 생각했다. 학교 내신 점수가 절대평가에서 상대평가로 바뀌면서 시험 문제가 어려워졌고 수능을 위한 모의고사 준비도 해야 하고 통합논술을 별도로 준비하여야 하기 때문에 고등학교 과정은 부모가 상상하는 것 이상으로 바쁘고 힘들었다. 예진이와 시간표를 짜다 보면 도대체 이 많은 것을 어떻게 준비해야 하는지 막막했다. 그렇기 때문에 예진이가 나에게 학원을 요구하는 것이 당연하다고 생각했다. 하지만 나는 예진이를 학원에 보내지 않았다.

신념에 불타는 고집 센 엄마라서가 아니었다. 모르는 문제를 풀기 위해 선생님을 찾아가고 친구에게 물어보면서 학습에 대한 사고가 눈에 띄게 성장하는 예진이를 보았기 때문이었다. 혼자 공부할 때는 모르는 문제을 풀기 위해서 참고서, 자습서, 교과서 하물며 선생님의 노트까지 찾아 해결하려고 하지만 학원에 가게 되면 문제의 답을 풀어 주는 대로 배워 온다. 그렇기 때문에 혼자서 공부하는 아이는 시간이 오래 걸려도 사고가 넓어지고 표시는 나지 않아도 많은 양의 학습과 복습을 하는 셈이었다. 나는 아이의 미래를 위해 신념에 불타는 고집 센 엄마일 수밖에 없었다.

"내신 때문에 힘들어 하지 말자. 그래도 문제를 해결하는 방법은 네가 다른 아이들보다 낫다고 너도 말했잖아. 아이들은 답만 알고 있지만 너는 원리를 알고 푼다고 친구가 부러워했다는 말을 네가 해 주었잖니. 네가 잘하는 거야. 원리를 알고 푸는 네가 훌륭한 거야."

"그럼 학원에 가서 공부하면 제가 더 나은 성적이 될 거잖아요."

"물론 그럴 수도 있어. 하지만 학원에 가서 공부하면 너도 마찬가지로 원리는 잊어버리게 될 거라고 생각해."

　그러나 사고의 성장을 위한 나의 선택으로 인해 예진이는 고등학교를 다니는 3년 동안 오르지 않는 점수 때문에 무척 힘들어 했다. 그런 예진이를 보며 남편도 나에게 좋지 않은 방법이라고 질타를 했다.

　내가 예진이를 학원에 보내지 않는 이유가 또 있었다. 지금까지 혼자 공부한 아이가 이제 와서 방법을 바꾼다는 것은 달리기를 하다가 승용차를 타고 가는 것과 같다고 생각했다. 나는 예진이에게 '스스로 공부했다는 자부심'을 선물하고 싶었다. 마라톤을 완주한 사람은 좋은 성적이 아니더라도 완주했을 때의 자신감은 어디에서도 구할 수 없기 때문이다. 학교에 간 예진이의 빈 방에 앉아 '과연 내 결정이 옳은가?'를 고민했던 시간이 적지 않았다. 하지만 방을 나올 때면 언제나 스스로 설 수 있는 사람이 좋은 성적을 받는 사람보다 낫다고 결론지었다. 또한 그렇기 때문에 성적이 낮게 나와 예진이가 단식농성을 해도 무던히 참을 수 있었다.

　예진이와 학습을 하는 동안 나는 예진이의 마음을 알게 되었고 대학에 입학한 후에는 자신의 문제를 스스로 해결할 수 있는 사람이 되었다고 믿는다.

　"여기 모인 입학생들을 키워주신 부모님께 박수!"

　예진이는 서강대 생명과학과에 수시모집으로 입학했다. 입학식장에

서 총장님은 부모님에 대한 감사의 박수를 치라고 입학생들에게 말씀
하셨다. 2층에 앉아 있는 부모와는 다르게 입학식을 치르고 있는 아이
들은 작은 소음을 일으키며 박수를 쳤다. 혼자 공부하는 아이로 키우는
일은 쉬운 일이 아니었다. 어떻게 하면 잘 키울 수 있는지 걱정하던 시
간이 생각나서 박수를 받은 나는 눈물이 솟는 것을 간신히 참았다.

　총장님은 "능력이 있지만 사랑이 부족한 부모와 능력은 없지만 사랑
이 가득한 부모 중 어느 경우가 아이에게 좋은 부모일까요?"라는 질문
으로 환영사를 시작하셨다. 능력과 사랑은 자녀를 위해 둘 다 부모에게
필요하다는 말씀을 하시며 대학에서 능력과 사랑을 갖춘 인재로 키우
겠다고 하셨다.

　예진이는 스스로 공부하여 대학에 합격했다. 예진이의 꿈은 의사가
되는 것이다. 그러나 의대에 보내야만 나의 교육이 성공한 것이라고 생
각하지 않는다. 얼마 전 서울대 신입생 중에 기초학력이 미달인 학생이
있다는 보도가 있었다. 또 일부 대학생 중에 대학공부를 위해 다시 학
원을 찾는 경우가 있다고 한다. 자신의 공부에 대해 어려움 없이 공부
한 아이의 경우 준비된 학원이 필요할 것이 당연하다. 스스로 문제를
해결할 수 있는 자질을 갖추도록 키우는 것이야말로 교육의 정도(正道)
라고 생각한다. 이런 관점에서 보자면 나는 성공한 교육을 한 것이다.
예진이는 여전히 스스로 혼자 의학전문대학원을 위해 준비 중이다. 요
즘도 밤이 늦도록 공부하는 예진이를 보며 더욱 확신을 갖는다.

　또한 꿈을 향해 열심히 살아갈 수 있고 불행한 사람을 위해 기꺼이

자신의 노고를 아끼지 않는 아이로 키웠다는 것에 만족한다. 열심히 살아가는 것만큼 아름답고 가치 있는 일은 없기 때문이다.

"……우리 대학이 추구하는 방향입니다. 이제 인재로 키우셨으니 인성을 키워드리겠습니다."

이어지는 총장님의 말씀을 듣고 나의 어깨가 가벼워지는 것을 느꼈다.

왕따
극복기

"진희랑 한반이면 좋았을 텐데, 내가 그렇게 마음속으로 기도했는데……. 이번 학년은 재미가 없을 것 같아요."

봄방학을 마치고 중학교 3학년 새 학기가 시작될 무렵 학교에 다녀온 예진이가 설거지를 하고 있는 나에게 던진 말이었다.

학기가 시작될 때면 언제나 예진이는 친구 문제로 약간의 진통을 겪었다. 하지만 곧 괜찮아졌기에 이번에도 언제나처럼 시간이 지나면 스스로 자리를 잡을 것이라고 생각했었다.

"할 공부가 얼마나 많은데 그런 투정을 아직도 하니? 얼른 씻고 내일 가져갈 가방이나 준비하고 나와. 오늘 공부할 수학책 가지고."

대답 없이 일어나는 예진이의 몸이 무거웠다. 방학을 마치고 공부를 하려니 몸이 덜 풀린 것 같았다. 그럭저럭 예진이의 학교생활은 자리를 잡아가고 있는 듯 집에 돌아와 할 일도 제법 잘 따라오고 친구들에 대해서도 다시는 말을 꺼내지 않았다.

우리가 살고 있던 아파트는 예진이가 다니던 학교와 작은 길을 사이에 두고 있었다. 높은 층에 살았기 때문에 유리창을 열면 학교 운동장이 한눈에 들어왔다. 진분홍 봄꽃이 학교 담장을 휘감고 라일락꽃 향기가 살랑이던 햇살이 화려한 6월의 월요일이었다. 운동장에 소란스레 아이들이 몰려나오는 소리가 들려왔다. 아침 청소를 하다 말고 창문에 서서 조회를 하는 아이들의 모습을 지켜보았다. 줄을 맞추거나 교복을 입은 모습도 다양해서 교복 치마 속에 체육복을 입거나 교복 속에 알록달록한 티셔츠를 입은 모습이 예전에 갈래머리를 하고 하얀 깃에 풀을 먹여 단정하게 다니던 우리 때와는 많이 달라 그 모습에 웃음이 나왔다.

올망졸망한 개구쟁이 녀석들 속에서 예진이를 찾아보았다. 예진이반은 3학년 7반으로 다른 반과 다르게 줄이 엉망이었다. 앞에서 서너 줄은 잘 맞추어 서 있는데 중간부터 줄이 엉망이 되어 가운데 한 아이만 덩그러니 서 있고 그 뒤로 아이들이 다시 줄을 맞추어 서 있어 얼핏 보아도 중간에 있는 아이를 다른 아이들이 경계하고 함께 있기 싫다는 뜻을 표현한 것 같았다. 그런데 자세히 보니 섬처럼 혼자 서 있는 아이는 예진이였다.

팔짱을 앞으로 끼고 서서 화가 잔뜩 난 예진이가 거기 서 있었다. 나는 몸이 차가워지는 것을 느끼며 예진이의 모습에서 눈을 뗄 수가 없었다. 한 시간 이상 진행되는 교장선생님의 훈화 말씀을 듣고 있는 아이들이 작은 요동을 치기 시작했는데 그때도 예진이는 움직임이 없이 동상처럼 서 있었다. 나도 아파트 위에서 예진이와 같이 동상이 되었다.

시간이 흐르고 아이들의 투정소리가 여기저기서 새어나오다가 이내 교정은 아이들의 떠들썩한 소리로 가득 찼다. 교내외 성적 우수 학생과 대외 경시대회 입상자들 시상까지 마치고서야 아이들이 수업을 위해 다시 교실로 들어가는 소란한 움직임 속에서도 예진이는 비장해 보였다. 건물 속으로 사라진 예진이를 바라보며 그동안 아이가 겪고 있을 마음의 고통을 엄마로서 몰라 준 미안하고 안타까운 마음과 나의 무심함에 대한 자책으로 아무것도 할 수 없어 그 자리에 주저앉고 말았다.

오후가 되어서 예진이가 돌아왔다.

"예진아! 학교생활은 어때?"

평상시처럼 대하려고 노력하며 물어보았다.

"왕따잖아요! 내가 엄마에게 말하지 않았어요?"

"언제 그랬어? 그리고 왜 왕따라고 생각하니?"

당황스러운 것은 예진이의 담담한 말투였다. 이미 자신의 일을 받아들이고 그리고 포기한 것처럼 무미건조하게 대답했다.

"아이들이 날 싫어해요. 그리고 상관없어요. 엄마는 내가 공부만 잘하면 된다고 생각하잖아요! 나도 공부만 잘하면 된다고 생각하기 때문에 상관없어요. 그리고 지금이 편해요. 처음에 나도 아이들과 잘 지내고 싶어서 잘해 주려고 했는데 언제부터인지 아이들이 나랑 놀려고 안

하더라고요. 그래서 소연이에게 사이좋게 지내자고 쪽지를 보냈는데 답장을 안 해요. 나도 아이들이 싫어요. 그러니까 잘 됐죠, 뭐. 아이들이랑 놀면 시간만 빼앗기잖아요. 그 시간에 문제 풀면 되죠. 뭐.”

시종일관 나와는 눈도 맞추지 않고 저녁 대신 사준 피자만 바라보며 작은 입술을 오물거리는 예진이에게 나는 더 이상 질문하지 않았다. 예진이가 배부르다며 음식을 밀어낼 때까지 기다렸다. 무슨 일이 있어서 그런 질문을 했는지 묻지도 않은 예진이는 이제야 자신의 어려움을 알았느냐는 표정이었다.

나는 예진이에게 오늘 있었던 아침의 일들을 이야기했다. 그리고 그런 일을 말해 주지 않은 이유에 대해 물어보았다.

“처음에 엄마에게 말하고 싶었어요. 그런데 엄마가 걱정할 것 같고 또 나도 아이들이 싫기 때문에 이렇게 지내는 것도 상관없어요.”

예진이가 엄마를 걱정하여 자신의 고민을 말해 주지 않았다는 말에 가슴이 아팠다.

예진이에게 사람은 누구나 살아가면서 어려운 일을 맞이할 수 있고 그것이 어떤 일이든 헤쳐 나가야 한다고 말해 주었다. 또한 사람과 어울리지 않고 살아갈 수는 없는 일이며 그것은 아무리 공부를 잘해도 아무 의미가 없는 일이라고 설명해 주었다. 아무 말 없이 듣고 있던 예진이는 엄마가 자신의 문제를 이해하고 함께하려고 한다는 점에서 위로를 받았는지 눈물을 흘리기 시작했다. 나는 예진이를 안아 주며 누구에게나 찾아올 수 있는 감기 같은 일이라고 위로해 주었다. 이내 예진이는 가벼운 얼굴이 되어 공부를 하겠다며 일어났다.

　다음날 예진이가 학교에 가고난 후 나는 서둘러 청소년 상담센터를 인터넷으로 찾아보았다. 우리나라는 청소년을 위한 상담센터가 여러 곳이 있었다. 전화를 걸어 예진이 문제에 대해 상담을 해 보았다. 하지만 상담 내용들이 비행청소년을 위한 프로그램은 많았으나 '왕따'라는 문제에 대해 경험이나 사례가 없었고 상담하는 내용 또한 실질적인 해결이 되지 못했다. 가슴 아픈 일이긴 하지만 크게 문제되지 않으니 그대로 지켜보라고 말하는 곳도 있었다. 사실 아이들이 학교에서 친구와 어울릴 수 없는 것을 어른이 해결해 줄 수 없다면 그것이야말로 큰 불의 작은 불씨를 방관하는 것이 된다고 생각했다. 물론 아이가 자라며 스스로 헤쳐 나가도록 기다릴 수도 있지만 그것이 해결책은 아니었다. 나는 예진이가 스스로의 문제를 모르고 친구들에 대한 원망을 가지고 살아가는 것이 가슴 아팠다. 그렇다고 선생님을 찾아가서 예진이를 더욱 왕따로 부각시킬 수도 없었다. 그래서 친구에게 무엇이 문제인지 직접 물어보는 것을 예진이에게 제안했다. 예진이는 잠시 망설이더니 한 번 해보겠다고 했다.

　다음날 학교에서 돌아온 예진이는 훨씬 가벼운 얼굴을 하고 나에게 친구와 나눈 이야기를 해 주었다. 친구에게 "아이들이 나를 싫어하는 것 같은데 이유를 모르겠으니 좀 가르쳐 줘."라고 했더니 친구는 조심스레 예진이의 문제점을 알려주었다고 한다. 친구 서윤이는 예진이가 학교에서 성적을 너무 의식해서 아이들에게 성적에 관련된 이야기만 하고 다른 아이가 시험을 볼 때마다 성적에 관해 집중적으로 질문을 하는 것이 아이들이 싫어하게 된 이유라고 말해 주었다. 그리고 서윤이는 예진이에게 이렇게 질문을 하기 어려웠을 텐데 물어본 용기가 참 대단하다고 말했다고 한다.

"엄마! 친구랑 이야기해 보니 내가 먼저 잘못한 것 같아요."

예진이가 어깨에 얼굴을 기대며 한 말이었다. 그리고 그것을 말해 준 서윤이에게 고맙다고 했고 서윤이가 자신을 용기 있다고 말해 주어 더욱 기운이 난다고 했다. 그 일이 있은 후 예진이는 친구를 배려하려고 노력했다. 무심히 한 행동으로 인해 친구들도 상처를 받을 수 있다는 것을 깨우친 것 같았다. 그리고 빠르게 친구들과 어울리게 되었다. 예진이가 친구에게 자신의 문제에 대해 물어보기 전까지는 친구들이 자신을 미워하는 이유가 친구들이 나쁘기 때문이라고 생각했다고 한다. 하지만 원인이 자신에게 있다는 것을 알고 고칠 수 있어 다행이라며 이제 친구를 사귈 때 좀 더 신중하게 행동할 수 있는 기회가 되었다는 말을 했다.

아이가 친구들과의 문제를, 특히 학교 내에서 발생되는 문제를 모두 남의 탓으로 돌리는 것은 아이를 위해 너무 위험한 발상이라고 생각한다. 물론 사회적으로 이슈가 되고 있는 학교 폭력과 같은 일은 예외일 수 있겠으나 그렇지 않을 경우 아이의 문제를 친구와 상의해서 풀 수 있기 때문에 큰일을 작게 만들 수 있다고 생각한다. 또한 그 일로 인해 예진이도 자신의 문제를 알고 해결할 수 있었던 계기가 되었다.

예진이가 모든 문제를 남에게 돌리지 않게 되었기 때문에 다행이었다. 문제의 원인을 남의 탓으로 돌리게 되면 우선 아이가 살아가면서 모든 일을 부정적으로 보게 되기 때문이다. 또한 예진이가 어떤 일에 처하더라도 자신이 반성할 일을 찾는 계기로 생각할 수 있게 되어 다행이었다. 예진이가 문제를 해결한 이후 친구들과의 문제로 힘들어 하지 않았고 어떤 단체에 가서든 잘 적응하는 것을 보고 그때의 경험이 중요한 공부가 되었다고 생각한다.

공교육의
믿음 찾기

예진이는 선생님들과 관계가 좋았다. 주변에 학원에 다니지 않고 혼자 공부하는 아이가 적다 보니 선생님이 관심을 가져 주신 것도 있지만 워낙에 선생님을 잘 따르는 편이다. 무엇이든 선생님을 찾아뵙고 상의하기를 좋아한다. 예전 우리 세대, 특히 나의 경우와 다르게 선생님에게 관심과 궁금증이 많았다.

그런 예진이를 보며 나는 자유분방함의 표현이라는 생각에 부러움을 느낀다. 다른 사람 앞, 특히 어른들 앞에서 손가락까지 오그라지는 나에 비해 아이의 대범함이 부러웠다. 그렇다고 해서 요즘 아이들이 예진이와 같지 않은 것은 선생님에 대한 믿음을 저버리지 않도록 한 일 때문이라고 생각된다.

나는 예진이가 반드시 지켜야 할 것을 정하면서 선생님에 대한 불평을 하지 않는 것을 언급했다. 선생님에 대한 불평을 하게 되면 교육이 바로 서지 않는다고 생각한다. 그것은 부모도 마찬가지이다. 부모의 생각이 아이의 입장에서 받아들이기 힘들다면 그 점에 대하여 토론할 수 있다. 하지만 비난하거나 무시하면 절대 교육이 이루어지지 않기 때문이다. 아이에게도 어른에 대한 믿음이 사라지면 의지할 사람이 없어지게 되어 정신이나 생활이 거칠어지고 메말라지기 때문이다. 그런 이유로 예진이가 학교 선생님에 대한 믿음을 잃지 않도록 노력했다.

예진이가 중학교 2학년 때 담임선생님으로부터 내가 생각해도 불합리한 처벌을 받은 일이 있었다. 수업을 마치고 청소를 하던 중에 아이들과 예진이가 함께 장난을 치고 있다가 꾸중을 들었다고 한다. 그 벌로 선생님은 아이들 중 대표로 벌을 주신다며 예진이를 지목하셨다. 다른 아이들은 교실 청소를 하고 집으로 돌아가고 예진이만 남아 혼자 여학생 · 남학생 화장실을 청소하다가 날이 어두워 집에 돌아와 억울하다며 울었다.

장난을 치던 아이들 중 예진이만 지목하신 점은 객관적으로 보려 해도 불합리했다. 처벌 받는 아이가 지목된 이유에 대한 설명이 없었기 때문이었다. 더구나 여학생에게 남학생 화장실 청소를 하도록 한 것은 아이 입장에서 무척 당황스러운 것이다.

예진이의 이야기를 듣고 난 후 선생님의 판단 기준이 누적된 평가 같아서 걱정이 되었다. 어떤 점에서 낮은 평가를 받게 되었는지 알 수는 없었다. 그러나 그보다 앞서 예진이가 선생님에 대해 불신을 가지고 학교생활을 하게 될 것 같아 걱정이 되었다. 나는 예진이가 세상을 믿고 살아가도록 하고 싶었다. 그래서 선생님도 사람이며 사람은 누구나 실수를 할 수 있다는 말로 예진이를 위로했고 너무 심한 처벌을 하신 것에 대하여 예진이가 그동안 선생님을 힘들게 해 드린 것이 없는지 다시한 번 반성해 보는 기회를 가지라고 충고해 주었다.

선생님에 대한 믿음을 가진다는 것은 모든 선생님이 완벽하다는 믿음이 아니라, 불완전한 관계 속에서 학생을 돕고 사랑하는 위치와 자세에 대한 믿음을 갖는 것을 말한 것이다. 학교는 지식을 알려주는 이익집단이 아니다. 아이들의 머리와 마음과 몸이 자라고 형성되는 교육이이루어지는 곳이다.

영국의 하이든 파크에는 자유발언대가 있다. 그곳에서는 누구든 자신이 하고 싶은 말을 할 수 있도록 되어 있는데 누군가 '여왕님에 대한 발언은 삼가자'고 써놓았다고 한다. 그 말은 영국 국민들이 지켜야 할 자신들의 자존심인 왕실을 보호하자는 뜻이었는데 영국인이라면 누구나 지키고 있다는 것이다.

우리 사회에서도 선생님과 부모는 같은 위치에서 아이들의 무차별적인 비난으로부터 보호되어야 한다고 생각한다. 권위에 대한 무조건적인 복종이 아니라 방식이 이해되고 위치가 보존되어야 한다는 것이다. 위치에 대한 보호는 다시 아이들에게 반영되어 정신과 생활이 메말라지지 않도록 해 주기 때문이다.

　물론 유교적 사고방식일 수 있지만 사회를 보호하고, 자라나는 아이들을 보호하는 차원으로 이해되어야 한다. 이후 예진이는 벌을 주신 선생님뿐만 아니라 다른 선생님과도 좋은 관계를 유지하며 존경심을 잃지 않았다. 학교생활에 필요한 도움을 청하고 자신의 부족한 공부를 의논드릴 수 있었던 것도 선생님에 대한 믿음과 존경심을 가지고 있어서 가능했다. 또한 그 믿음은 예진이가 따뜻한 마음을 가지고 권위적인 사회에 잘 적응할 수 있도록 도와주었다고 생각한다.

　내가 만약 다음날로 선생님을 찾아가서 예진이에게 부당한 일을 하셨다고 불평을 했다면 어떨까? 예진이도 세상을 살면서 부당한 일 앞에서 나이와 위치를 무시하며 행동할 것이다. 그럼 부당한 일은 피해갈 수 있겠지만 예진이의 가슴 안에 차가운 바람이 불게 뻔하다. 조금 부당하더라도 참을 수 있는 사회를 만들면 좋겠다.

사소한, 그러나 엄마가 해줘야 할 것들

집안 청소를 하다 예진이로부터 한 통의 다급한 전화를 받았다. 씻지도 못한 얼굴을 하고 학교로 달려나가 접선 장소인 낮은 담장에서 예진이를 만났다. 이곳은 고압 전선이 흐른다는 팻말이 있는 곳으로 학교 쓰레기 처리장이 있어서 선생님에게 들킬 염려가 없었다.

이런 은밀한 접선은 예진이가 중학교 다닐 때 가장 많이 이루어졌다. 학교에서 나누어 준 프린트를 가져오지 않았으니 가져다 달라는 주문부터 노트를 안 가져갔으니 찾아달라고 하거나 준비물을 깜빡했으니 사다 달라는 것 등 참 다양한 주문을 받은 접선이었다. 시간이라도 넉넉하면 그나마 다행일 텐데 바로 다음 수업에 필요하니 빨리 가져다 달라고 하면 갈 때마다 화가 머리끝까지 났었다.

"왜 진작 챙기지 않고 매번 나를 괴롭히니?"

"죄송해요. 엄마. 제가 깜박했어요."

찾는 물건을 담장으로 넘겨주며 화를 내고 돌아오는 길이면 가만두지 않고 버릇을 고쳐 주겠다고 다짐했다. 하지만 나는 예진이가 중학교 3년을 다니는 동안 자주 담장 밑으로 갔고 고등학교 때도 간간히 그런 일을 반복했다. 그런 나를 보며 답답하다는 듯이 남편이 말했다.

"그걸 왜 가져다 줘! 그냥 두면 선생님에게 혼도 나고 자신이 어려운 것을 깨닫고 나중에 스스로 챙기게 두지. 왜 매번 화를 내며 가져다주는 거야!"

"알았어요. 나도 그렇게 생각해요. 다음엔 절대 안 갖다 줄 거야."

그러나 내 행동은 말과 달랐다. 학교생활이 너무 바쁘다는 것을 알고 있었다. 학교에서 하는 공부와 숙제도 그렇고 그 외에 대학 입학을 준비하기 위해 하는 선행학습도 양이 많다. 스케줄을 짜다 보면 요즘 아이들이 얼마나 힘든 시간을 보내고 있는지 알기 때문이다.

요즘 아이들은 해야 할 일이 많다. 우선 학교 숙제뿐만 아니고 준비물과 필기노트 그리고 교과서의 줄긋기까지도 점수로 평가되어 학교에 기록이 남게 된다. 중학교 점수는 고등학교에 입학할 때 내신 점수로 반영되고 고등학교 점수는 대학에 입학 때 내신 성적으로 반영된다.

내가 학교에 다닐 때도 미술 시간이나 체육 시간 그리고 음악 시간이 되면 옆 반으로 준비물을 빌리러 다녔기 때문에 복도가 소란스러웠던 기억이 난다. 친구 사물함에서 물감과 팔레트를 빌리고 친구의 친구까지 찾아내어 체육복을 나누어 입었다. 그나마 준비가 되지 않으면 얇은 회초리로 손바닥을 맞는 것이 전부였는데, 요즘 아이들은 친구들에게 노트나 교과서 또는 준비물을 빌려 주지 않는다. 이유는 모두 점수에 반영되기 때문이다. 그런 사정을 알고 있던 내가 학교에서 꼬질꼬질해져 돌아오는 예진이를 보면 그 고단함이 묻어나는 것 같았다.

그렇기 때문에 아이가 공부만 신경 쓰도록 엄마가 여러 가지를 도와주는 것이 낫다고 생각한다. 인터넷 사이트를 검색하여 아이에게 도움이 될 만한 자료를 찾아 주거나 엄마들과 이야기를 나누어 좋은 정보를 얻는 등 요즘 말하는 알파맘이 되어야 한다.

요즘은 아이들이 공부해야 할 양이 많아지고 교육의 질이 높아져 대학에 입학하기가 매우 어렵다고 한다. 더욱이 사교육으로 많은 시간을 보내기 때문에 아이들이 힘든 생활을 하고 있다고들 말한다. 그러나 내가 보는 것은 좀 다르다.

요즘 아이들은 친구와 서로 공부에 대해 마음 놓고 이야기를 나누거나 도움을 받을 수 없고 친구의 노트를 빌려 달라고 할 수 없고, 실습 과목의 준비물을 서로 나누어 쓸 수 없는 삭막한 학교생활을 하고 있다. 또 예체능에 재능이라도 있지 않으면 좋은 학교에 갈 수 없는 현실이 아이들을 힘들게 하고 있다. 사회가 변하여 사람들의 인심이 사나워졌다는 말을 한다. 우리의 아이들은 너무 이른 나이에 그런 것들을 경험하고 있다. 그것도 어른들이 만들어 놓은 교육적 현실 때문에 말이다.

고등학교를 전철로 통학하던 나는 고2 때 국사 선생님을 전철에서 자주 만나게 되었다. 정년을 얼마 남기지 않으신 선생님은 나를 아버지처럼 다정하게 대해 주셨다. 이른 아침이면 아침을 먹지 않은 나에게 우유를 사주셨다. 그리고 공부하면서 어려움이 없는지 질문을 해 주셨다. 늘 같은 양복을 입고 다니신 선생님의 별명은 '양복 한 벌'이었다. 하지만 넉넉한 웃음을 가진 멋진 선생님이셨다. 그해 어느 시험엔가 답을 밀려 쓴 내 점수가 매우 낮았다. 그런데 선생님이 나를 교무실로 부르시더니 왜 그렇게 많이 틀렸냐고 물어보셨다. 답을 밀려 썼기 때문이라고 말씀을 드렸더니 선생님이 점수를 높여 주셨다. 그리고 내가 열심히 노력하고 있다는 것을 아신다는 말씀도 해 주셨다. 이 일을 친구들이 알게 되어 아이들은 선생님이 편애한다고 놀리기도 했다.

하지만 그런 일은 현재를 사는 우리 아이들에겐 불가능한 일이 되어 버렸다. 그렇기 때문에 아이의 준비물을 챙겨 주는 바보 엄마가 되어 담장 밑에서 숨바꼭질을 하더라도 그나마 도와줄 수 있어 다행이라는 생각을 해야 할지도 모른다.

지나고 보면 '양복 한 벌' 선생님의 판단이나 행동이 옳다고 생각하진 않는다. 하지만 그 학생은 선생님께서 믿어 주신 것에 대해 감사한 마음을 간직하고 있으며 세월이 흐른 뒤에도 선생님의 따스한 마음을 기억하고 있다.

예진이에게도 학교생활의 작은 추억과 소중한 기억들을 남겨줄 수 있는 세상을 기다린다. 지금처럼 친구들의 눈치를 보며 어젯밤에 늦게까지 공부하지 않았다는 말로 친구를 안심시키고 어느 학원을 다니는지 비밀로 하지 않게 해 주고 싶다. 소중한 노트는 친구에게 빌려 줄 수 없고 과제물을 서로 나눌 수 없도록 모든 것을 성적에 반영하는 요즘 현실을 난 이해하지 못한다. 물론 학교에서 '사랑의 매'를 허용하지 않기 때문에 아이들의 행동을 규제하는 방법이라고 선생님은 말씀하시지만, 대학에서 내신을 반영하기 위해 상대평가에서 절대평가로 바꾼 것이 문제라고 생각한다. 물론 장단점은 있겠으나 그로 인해 아이들이 무척 삭막한 생활을 하고 있는 것은 분명한 사실이다.

그런 이유로 아이의 힘든 생활을 이해해 주는 엄마의 마음을 보여주어 삭막한 생활 속에서 아이들이 위로를 받았으면 좋겠다. 그렇다면 아이도 엄마의 보살핌으로 인해 따스한 마음을 가슴 속에 간직할 것이기 때문이다.

엄마가 아이들을 위해 해 줄 수 있는 것들

1. 참고서 찾아 주기

* 개념서(전과목) – 완자

* 문제집(전과목) – EBS문제(수능기출 문제+ 예상문제), 메가스터디 N제(수능기출 문제+예상문제), 미래로 수능기출 문제집(수능기출 문제), 자이스토리(교육청, 평가원 모의고사+수능기출 문제)

* 과목별(수학)

숨마쿰라우데SUMMA CUM LAUDE: 개념+고난이도 문제

신사고 SSEN 쎈(수학): 문제의 양이 매우 많아서 연습에 효과적이다.

형상기억 수학공식집: 수학 공식을 모아서 보면서 전체적으로 개념정

리가 가능하고 휴대하기도 좋다.

* 과목별(과학)

High Top 하이탑: 기본 개념서이면서 고난이도 개념들도 많아 서술

형 내신문제나 논술 준비에도 좋다.

* 과목별(언어)

신사고 언어특강 오감도: 다양한 작품들이 장르별로 세세하게 나와

있다.

* 언어영역 – 오감도, EBS

* 수리영역 – 천일수학, EBS

* 기타 암기과목 – EBS

2. 입시 정책의 변화 바로 알아서 아이들에게 설명해 주기

3. 신문에서 사회의 이슈가 되는 사건이나 현상을 찾아 스크랩해 주기

4. 입시설명회에 다니면서 아이들의 앞으로의 전망에 대해 설명해 주기

5. 가고자 하는 대학에 대한 입시요강 알아두기

아버지라는 나침반

　　　　　　　얼마 전에 나는 어느 아버지로부

터 자신의 입장을 이야기한 메일을 한 통 받았다.

　"어쩌면 요즘 아빠들이 자녀 교육의 주체자가 되지 못하면서부터 엄마들에게 가정의 의사결정권을 빼앗기거나, 심하게 말하면 천대받게 되었는지 모릅니다."

　자신의 신세를 한탄하는 그 아버지의 속상한 마음이 절절히 느껴지는 한 줄의 말이었다.

　그러나 그 아버지는 중요한 것을 모르고 있었다. 나의 경험에 의하면 자녀들은 어머니에게 인정받을 때보다 아버지에게 인정받을 때 정신적 성장이 훨씬 높게 이루어진다. 요즘 많은 아버지들이 스스로 교육의 주체자가 될 수 없다는 생각을 갖고 있지만, 이는 관점의 차이라고 본다. 자녀 교육이 복잡해지고 다양화되면서 어머니들이 많은 시간을 투자하여 정보를 수집하고 결정권을 가지게 된 것은 사실이다. 그러나 그렇다고 해서 어머니만이 실제적인 주체자인 것은 아니다. 겉으로 드러난 모습이 그렇게 보일 뿐이다.

나는 간혹 내가 아이를 혼낼 때 아버지인 남편이 아이를 달래 주어 스트레스를 받지 않게 해 남편과 아이가 좋은 관계를 유지했으면 하고 바란다. 하지만 남편은 나에게 혼난 아이를 다시 불러 또 혼을 내곤 한다. 그럴 때마다 아이에게 미안한 마음이 든다. 눈치 없는 남편이 하도 답답해 한번은 나무라듯 물었다.

"아니, 왜 한번 혼이 난 일로 또 혼내고 그래요?"

"요즘 아이들은 버릇이 없어서 그렇게라도 해야 이 아빠의 권위가 서는 거야."

아버지의 사랑과 이해를 받고 자란 아이가 사회에서 잘 적응한다는 통계가 있다. 요즘의 아버지들은 잃어버린 권위에 대해서 말을 하지만 세상이 바뀌어도 아버지라는 존재에 대한 의미는 변하지 않는다는 사실을 모르는 것 같다.

학창 시절 총학생회장을 하던 친구 정숙이는 늘 아버지와 있었던 일을 자랑했다. 아버지와의 관계가 너무 좋아서 함께 살고 있는 아버지와도 늘 편지를 주고받는 아이였다.

"나는 나중에 우리 아빠 같은 남자랑 결혼할 거야. 우리 아빠는 내가 엄마한테 혼나면 나를 데리고 나가서 아이스크림을 사주시며 친구 애기, 학교에서 힘든 얘기를 들어주셔. 잘못은 묻지도 않으시고 그냥 '힘내라'고 말씀해 주셔. 집으로 돌아오는 길에 잡았던 아빠의 따스한 손이 나는 너무 좋아. 그러고 나면 엄마한테 혼났던 일들도 모두 이해가 되고 다시 잘해야겠다는 생각이 들어."

그런 말을 들을 때마다 너무 부러웠고, 그 친구의 당당한 목소리, 자신 있는 학교생활, 꾸밈없는 자기표현이 아버지의 인정으로부터 오는 것만 같았다.

두 해 전에 돌아가신 우리 아버지는 초등학교 선생님이셨다. 아버지와의 일은 어머니와 함께한 많은 기억들에 비하면 적지만 또렷이 기억에 남아 있다. 아버지는 엄하셨고, 특히 검소하셨기 때문에 행동에 대한 지적이 많으셨지만 한 번도 아버지에게 혼이 난 기억은 없다. 그저 '그러지 마라' 정도로 말씀하셨다. 그래도 가능하면 아버지의 지적을 받지 않기를 바라며 은근히 피해 다녔던 기억이 난다. 태산같이 높았던 아버지였다.

그런데 나이가 들면서 아버지의 말씀이 가장 기억에 남는다. 그리고 아버지의 말씀은 길을 잃은 나에게 나침반과도 같다. 피해 다니지 말고 좀 더 아버지와 함께하지 못한 것이 아쉽고 눈물 나도록 그리워 아버지에게 섭섭하기까지 하다.

나는 답장을 했다.

"엄마가 자녀 교육의 주체자이며 가정에서 의사결정의 주도권을 가졌다고 말씀하셨지만, 아이는 당신의 따스한 손길이나 격려를 더 많이 기억할 것입니다. 시대가 바뀌어 아버지의 역할이 축소되어 천대받고 있다고 생각하시는 지금도 우리의 아이들은 아버지를 기다리며 아버지의 말씀을 가슴에 담습니다. 그런 아버지의 역할을 아는 우리 엄마들은 오히려 아버지로 태어나지 못한 것을 후회하곤 한답니다.

당신 아이의 기억 속에 나침반이 되어 주세요. 그것도 칼같이 빈틈없고 성능 좋은 나침반보다는 따스하고 포근한 위로를 받을 수 있는 나침반이요. 그리고 가능하면 많은 말씀을 해 주십시오. 아이가 살면서 당신의 말씀을 따라 인생의 길을 찾아갈 수 있고 어려울 때 당신의 말씀으로 위로를 받을 수 있도록 말입니다. 당신은 변하지 않는, 한 가정의 힘이며 도덕이며 살아 있는 길잡이입니다. 아이가 평생 당신의 말을 기억하며 살아간다고 생각해 보십시오. 결코 엄마가 넘볼 수 없는 중요한 그 역할을 왜 스스로 축소하고 낮추십니까?

당신이 스스로를 축소하고 낮추시면 아이도 그렇게 살아갈 것입니다. 가장 멋있는 역할이 당신의 것입니다. 연극 무대의 주연 배우이지요. 아무리 조연이 빛을 발해도 멋있는 주연의 역할보다 못하답니다. 지금도 아버지의 말씀을 기억하고 있는 아이들이 많이 있습니다. 그것을 모르고 계시는 것이 무척 안타깝습니다. 아이와 많은 말을 나누시고 아이를 위로해 주십시오. 시간이 지나면 아버지의 말씀만 기억에 남을 뿐이지 그 상황은 생각나지 않거든요. 아이는 당신의 두툼한 손에서 나오는 따스한 온기로 평생 위로 받고 있답니다.

이왕이면 아이 앞에서 자신의 실제 모습보다 더 멋있게 행동하십시오. 아들이면 아버지의 모습을 닮은 아버지가 될 것이고 딸이면 아버지의 모습을 닮은 남편을 찾을 것입니다. 한 아이의 아버지는 아무나 쉽게 할 수 없는 중요한 역할입니다. 그런 역할을 스스로 포기하시렵니까?"

 이승화(2001)의 연구에 의하면 부모가 수용적일수록 자녀는 활동적이며 창의성이 높고 독립적이고 협동적이며 사회적응 능력이 높게 나타난다. 부모의 양육태도가 거부적이면 자녀의 정서성에 영향을 미치는데, 이때 자녀의 정서가 불안정하고 반항적이며 냉담, 무관심과 조절되지 못한 행동의 극대화가 나타난다. 또한 부모의 양육태도가 수용적일수록 자녀는 학교 적응 역시 잘하는 것으로 나타난다. 자녀의 외로움 역시 부모의 양육태도와 관련되어 있으며, 부모의 양육태도가 애정적이고, 성취적이고, 합리적일수록 아동의 외로움은 적어지는 것으로 나타났다.

– 전성수 교수의 《행복한 자녀교육》 중에서

3장

집중력을 키워주는 깨알같은 비법들

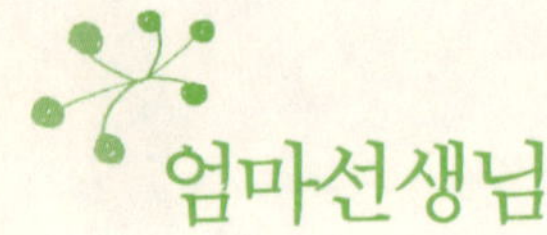

앞에서 이야기했듯이 예진이의 초등학교 시절, 산만한 성격을 바꾸어 보고자 부단히 노력했다. 자주 학습 내용을 질문하는 방법을 통해 예진이의 본분을 자각시켜 주었는데 당시 예진이의 학습 문제는 이해력 부족이었다.

예진이보다 세 살 어린 조카가 집에 놀러온 적이 있었는데 예진이에게 하는 내 설명을 곁에 앉아 있던 조카가 먼저 이해하고는 질문에 대답을 한 일이 있었다. 그때가 예진이의 이해력 부족을 절감한 순간이었다.

그래도 학습지와 자습서를 반복적으로 공부해서인지 예진이의 초등학교 성적은 나쁘지 않았다. 이를 통해 반복적으로 설명하거나 학습내용을 되살려 주는 것이 예진이에게 도움이 된다는 것을 깨달았다.

그런 예진이가 중학교를 대비하기 위해 종합학원에 가서 본 첫 반편성 시험에서 상위권 반에 배정을 받게 되었다. 이것을 보고 나는 산만한 아이라도 엄마가 도와주면 공부를 잘 할 수 있게 된다고 깨닫게 되었다. 하지만 예진이가 학원을 그만두고 중학교 공부를 도와 달라고 했을 때 예진이의 믿음과는 달리 나는 구체적인 학습 계획이나 방법을 알지 못한 상태였다. 실로 오랜만에 만져 보는 중학교 교과서를 내가 다 설명할 수 있는지 자신이 없었다. 그러나 초등학교 때처럼 학교 수업을 이해할 수 있도록 교과서를 설명해 보겠다는 각오로 시작했다.

예진이를 가르치기로 마음먹으면서 초등학교 다닐 때와 마찬가지로 참고서를 보며 설명해 주는 것만으로도 성적이 잘 나온다면 못할 일은 아니라는 생각이었지만 한편으로는 예진이의 공부를 책임진다는 점에서 상당히 부담스러웠다.

아무런 준비도 되어 있지 않은 상태에서 중학생 아이에게 교과서를 설명해 주며 참고서를 보다 보니 나도 중학교 학습 내용을 익히게 되었다. 내가 교과내용을 파악하고 있는 것만으로도 현재 공부하고 있는 단원의 내용을 다른 단원과 연관하여 설명해 줄 수 있었다. 아이는 단편적인 면을 보려고 하지만, 어른의 경우 포괄적인 내용 파악이 가능하기 때문이라고 생각했다.

이후로 나는 교육자가 되기 위해 전 교과 과정을 먼저 익혀야 한다는 부담에서 벗어날 수 있었다. 또한 참고서가 잘 정리되어 있고 교과서에 도움을 줄 만한 참고 내용도 많이 준비되어 있었기 때문에 내가 예진이에게 학습을 설명하기에 부족함이 없었다. 그래서 선생님으로서 아무런 준비도 되어 있지 않아 걱정하던 나의 우려와는 다르게 교과서 설명이 어렵지 않았다.

그 시기의 예진이는 워낙 장난을 좋아하는 데다가 사춘기라서 다그칠수록 더 공부를 하지 않았다. 그래서 공부를 장난처럼 설명한 적도 있고 장난을 하다가 공부로 연결한 적도 있었다. 장난스러운 분위기를 만들었을 때 아이가 공부에 더 집중하는 것을 보면서 일부러 장난을 할 필요는 없지만 엄마가 아이와 같은 학년으로 친구가 될 필요가 있다고 생각했다.

예진이는 중학생이 되면서부터 학교에서 있었던 여러 가지 일들을 나에게 이야기해 주었다. 이것은 초등학교에 다닐 때와는 다른 모습이었다. 어린 아이일수록 공부를 할 때 장난감을 재료로 학습을 하는 것과 마찬가지로, 중학생 예진이에게 엄한 분위기보다 친구 같은 분위기로 다가갔을 때 아이가 교육자인 엄마를 향해 마음을 열고 함께 공부하는 것에 거부감이 없어지는 것을 느꼈다.

반면 엄마선생님이 권위가 없어져 학습의 질이 떨어지지 않도록 하기 위해 나는 철저히 계획과 시간을 지켰다. 계획을 변경하자는 예진이에게 어떤 일이 있어도 절대 타협하지 않았다. 결국 나와 함께 참고서로 공부하면서 예진이는 혼자 공부할 수 있는 방법을 자연스레 익히게 되었는데 그 과정이 기초 학력을 다지는 계기가 되었다는 생각이 든다.

이제 와서 하는 이야기지만 예진이가 학교에서 보낸 일들은 나에게 흥미롭거나 재미있지 않았다. 그러나 나는 절대 그런 내색을 하지 않았는데, 예진이가 자신의 주변 이야기를 하면서 공부에서 받은 스트레스가 풀리기를 바라는 마음도 있었지만, 그런 교감은 예진이와의 교육을 부드럽고 순탄하게 만드는 일이 되었기 때문이다.

엄마선생님이 되는 첫 단계

1. 아이와 교감해야 엄마와 공부하는 것에 거부감을 느끼지 않는다.

2. 계획표를 짜서 철저히 시간을 지켜 공부해야 엄마와 공부할 때 느슨해지지 않는다.

교과서로
공부하기

교육에 대한 구체적인 방법을 알지 못하는 나에게 가장 부담되는 부분은 초등학교에 비해 늘어난 과목의 양이었다. 주요 과목을 포함하여 '기술가정', '도덕', '국사'까지 수업의 이해를 도와주어야 했다. 교과서를 과목별로 나누어 하루의 일정을 정해 놓고 학교 수업을 보충해 주겠다는 마음이었지만 문제는 시험을 대비한 준비였다. 중학교 교과서는 과목과 내용이 많아 막막할 뿐 아니라 예진이에게 내용을 이해시키고 시험을 준비할 방법이 문제였다.

나는 예진이에게 교과서를 읽게 했다. 그런 다음 문제집을 풀어 보면 이해하지 못하는 부분의 문제는 틀릴 것이고, 그 부분의 내용을 내가 참고서를 보며 설명해 주려고 했다.

"예진아. 다음 단원까지 네 방에서 읽고 나와. 그러면 엄마가 시험을 볼게. 그리고 어느 부분을 모르는지 설명하면 될 것 같아. 그러니까 자세히 읽고 나와!"

나의 말을 들은 예진이가 공부하는 모습을 보니 두 팔을 책상 밑에 쭉 내리고 가슴은 책상에 딱 붙인 자세로 눈으로만 책을 보고 있었다.

"자세가 그게 뭐야? 그렇게 해서 무슨 공부가 되니? 똑바로 앉아서 노트에 써가며 공부를 해야지!"

"이렇게 해도 돼요. 이래도 할 수 있어요."

다시 돌아와 보면 어김없이 책에 얼굴을 묻고 잠들어 있었다. 통통한 볼에 책 자국이 선명하게 새겨진 얼굴로……

다음날, 화이트보드를 하나 사서 식탁에 앉아 나는 참고서를 보고 예진이는 교과서를 읽게 했다. 그리고 내가 칠판에 참고서를 요약한 내용을 쓰면 그것을 노트에 받아 적게 했다. 이 방법은 흡사 학교 교실의 풍경을 연상시켰는데, 시간이 오래 걸리고, 단순히 참고서의 내용만을 읽어 주는 형태가 되는 단점이 있었다.

그래서 찾은 방법이 학교에서 국어 수업을 받을 때 한 문장씩 끊어 읽은 후 내용을 요약해 주시던 선생님처럼, 예진이에게 교과서를 읽게 한 다음 문장이 끝나는 부분까지 내용을 요약하는 방식이었다.

예진이가 한 문장을 읽고 나면 나는 참고서로 단원의 요약을 확인했다. 그리고 요약한 내용은 교과서의 문장이 끝나는 여백에 적게 했다. 예진이가 이해를 하지 못할 때에는 덧붙여 내용을 설명하여 주었다. 기존의 방식에 비해 더 자세히 공부하게 되었으며 진도도 비교적 수월하게 나갔다. 예진이도 비교적 이해를 잘해 주는 것 같아서 다른 과목들도 같은 방법으로 공부하게 되었다.

그런데 예진이는 유독 단원을 연결하는 능력이 떨어지고, 설명을 해 주어도 어려워했다. 단기적인 기억은 잘해도 통합적인 파악은 잘하지 못하기 때문이었다. 여러 과목을 공부하고 나면 무척 혼란스러워 했다.

이유를 생각해 보니 예진이는 지금 공부하는 단원 제목을 모르고 있었다. 공부를 하다가 제목을 물어보면 거의 대답을 하지 못했다. 그래서 나는 제목을 강조하여 설명했고 상당히 오랜 시간을 강조했지만 교과서를 볼 때 제목을 보지 않는 습관은 쉽게 고쳐지지 않았다.

또한 늘어난 교과서의 분량으로 인해 예진이는 여러 과목을 공부하고 나면 내용을 혼동했다. 이러한 문제점을 보완하기 위해 교과서 공부를 시작할 때마다 연습장에 단원의 제목과 소제목을 써 놓게 했다. 그리고 과목의 설명이 끝나면 그날 배운 단원의 내용을 연습장에 큰 틀에서 정리하도록 했다. 그런데 연습장에 대충 정리했기 때문에 장기간 보관이 어려웠다. 이 부분을 해결하기 위해 노트를 구입하여 꼼꼼히 적게 했더니 시간이 너무 오래 걸려 두 가지 모두 문제점이 있었다.

그래서 큰 단원의 설명이 끝나면 문장마다 요약한 내용을 다시 정리했다. 그리고 큰 단원이 끝나는 교과서에 직접 적었다. 여백이 부족하면 다른 종이에 가능한 한 작게 만들어 투명 테이프로 교과서에 직접 붙여 두었다. 결국 문단마다 요약을 하고 요약한 내용을 다시 정리하여 단원마다 붙여 놓게 되었다. 그리고 시험 기간에는 교과서를 다시 공부하지 않고 요약한 내용만 읽어 보았다. 이렇게 교과서에 필기까지 해놓고 보니 교과서가 제법 두툼해지고 처음과 다르게 손때가 묻었다. 과목을 구분하지 못하고 단원의 내용을 혼동하던 예진이가 조금씩 안정을 찾아갔다. 학교에 가서 교과서를 보면 요약된 내용이 적혀 있는 것을 확인했기 때문이었다.

교과서를 처음 공부할 때 암기해야 할 부분은 하지 않았다. 교과서 파악을 하기에도 시간이 부족했지만 더 큰 이유는 예진이에게 암기까지 시켰더니 무척 복잡해 하고 힘들어 했기 때문이다. 과목별로, 단원별로 구분도 제대로 하지 못하는 예진이에게 암기까지 하도록 하는 것 자체가 무리였다. 그래서 반드시 암기를 해야 하는 암기과목이더라도 처음에는 이해만 하도록 했다. 그런 예진이를 보며 많은 양의 학습이 오히려 효율을 떨어지게 한다는 것을 알게 되었다.

교과서를 공부할 때 암기를 해야 하는 부분과 다시 보아야 할 중요한 부분은 책장 끝을 접어 두었다. 그리고 교과서를 펼 때마다 접힌 부분을 다시 보도록 했다. 이것은 눈으로만 공부하는 방법이었다. 연습장에 손으로 써서 암기하는 방법에 비해 눈으로 공부하게 되면 효과가 떨어질 것 같았지만 사실 그렇지 않았다. 교과서의 요약한 내용을 읽게 하거나 다시 보아야 할 부분을 접어 두어 매번 확인하는 것으로도 암기가 되는 것을 확인할 수 있었다. 이 공부법은 시간을 많이 투자하지 않아도 복습이 되고 반복적으로 확인하기 때문에 암기한 내용도 비교적 오래 기억할 수 있게 되는 장점이 있다는 것을 알게 되었다. 또한 예진이는 학습량이 많으면 힘들어 하여 분량을 줄여 주기 위한 방법이었다.

암기할 내용이 많고 복잡할 경우에는 연습장에 그림을 그리고 아이가 직접 도표로 만들도록 하여 내용을 혼동하지 않도록 했다. 물론 학교에서 선생님이 도표로 만들어 주셨지만 그 도표를 그대로 암기하도록 하면 아이가 오래 기억하지 못하여 시험에 암기 문제가 나오면 한두 문항은 빼뜨리는 실수를 했다. 그래서 교과서의 내용이 많고 복잡할 경우에는 가능하면 직접 도표로 만들도록 했다. 예진이가 도표를 만드는 동안 교과서를 통합적으로 이해할 수 있다는 것을 알게 되면서 큰 단원을 마치면 연습장에 작은 단원들을 연결하여 큰 단원의 내용을 도표로 정리하도록 했다.

나에게는 주부라는 본분이 있었다. 그런 이유로 예진이의 공부를 도와주지 못할 경우도 있었다. 그렇다고 해서 공부 계획을 미룰 수가 없었다. 그래서 그럴 경우에는 예진이 혼자서 교과서를 읽고 난 후 참고서에 정리된 내용을 교과서에 옮겨 쓰도록 시켜 보았다. 오랜 시간 엄마와 해 온 일이라서 그런지 혼자 공부하고 정리했는데도 나와 함께 공부할 때와 큰 차이가 없었다. 그래서 예진이 혼자 공부하도록 유도했더니 나중에는 많은 부분을 혼자 공부할 수 있게 되었다.

공부를 하면서 어느새 두툼해진 교과서는 예진이의 성적을 향상시켜 주었지만, 아이의 성적이 올라간 것보다 더 중요한 것은 예진이가 자신이 만들어 놓은 두툼하고 꼬질꼬질해진 교과서를 흐뭇하게 바라보며 자신이 얼마나 잘 정리했는지 스스로 대견해 했다는 것이다. 다음에 교과서를 더 두툼하게 만들겠다고 자랑을 하는 예진이를 보며 혼자 공부하는 것에 자신이 생긴 모습을 발견할 수 있었다.

혼자서 공부를 한다는 것은 지식을 수동적으로 주입하는 것이 아니라 자기 스스로 지식을 찾아 습득하는 것이다. 여기에는 특별한 능력이 필요하지 않았다. 교과서를 읽고 참고서를 보며 내용을 요약하는 방법만으로도 충분했다. 아이가 시험을 보고 나서 틀린 문제를 교과서에서 찾아 어느 부분의 암기가 부족한지 혹은 내용에 대한 이해가 부족하여 문제를 틀리게 되었는지를 알아낼 수 있게 되었기 때문이다.

교과서 중심의 공부법 point

1. 교과서를 볼 때 하나의 문단을 읽고 블록을 정한 다음 중요 내용에 밑줄을 친다.

2. 복습을 할 때 단원을 요약한 내용을 읽어 본다.

3. 밑줄을 칠 때는 형광펜보다 색연필을 사용하면 좋다

4. 교과서를 접어 두어 반복적으로 확인하면 공부하는 시간을 줄이고 암기와 이해를 높일 수 있다.

5. 내용이 방대한 경우 연습장에 그림을 그리고 도표화하여 시각적으로 정리하면 쉽게 이해하고 오래 기억한다.

응용 문제는
많이 풀수록 좋다

교과서를 숙독하거나 문제집을 풀어 보는 것만으로는 학교 시험을 대비하기에 부족했다. 학원에 의지하지 않고 집에서 공부할 때의 어려움 중 하나가 문제풀이였다. 시험 문제가 어렵게 출제되기 때문이기도 했지만 예진이는 교과서를 조금만 응용하면 문제를 풀지 못했다. 해결 방법은 교과서 내용을 응용한 문제를 많이 풀면서 시험을 준비해야 했는데 집에서는 그런 많은 문제를 구할 방법이 없었다.

예진이가 학원을 다닐 때 보았던 학원 입구에 수북이 쌓여 있는 문제집을 구할 수만 있다면 집에서 공부한다고 해도 부족함이 없을 것 같은 생각이 들었다. 문제를 구하기 위해 서점을 찾아다녔지만 문제집에 나와 있는 문제들은 대부분 유형이 정해져 있어서 학교 시험 문제를 대비하기에는 조금 부족했다. 그래서 인터넷을 검색하다가 발견한 사이트가 '족보닷컴'이었다. 그 사이트에는 상당히 많은 학교의 기출 문제가 준비되어 있었는데 과목별 단원별 학교별로 문제를 나누어 놓아 부족한 부분의 문제를 충분히 풀 수 있어서 무척 반가웠다.

그렇게 구한 문제들을 단원 공부를 마친 다음 단원별 기출 문제로 풀어 보았는데 역시 단원을 통합적으로 파악하는 응용 문제는 상당히 어려워하거나 아예 풀지 못하는 문제도 많았다. 하지만 예진이는 한 번이라도 문제를 풀어 확인한 내용은 비교적 잘 기억하고 있었다. 따라서 나는 강남에 있는 여러 학교의 문제를 풀어 보며 좀 더 많은 문제를 접하도록 했다. 그러나 시험 기간이 정해지고 나서 문제를 풀면 시간이 많이 부족했다. 그래서 방학 동안에는 교과서 공부를 부지런히 마치고 학기 중에는 학교 수업 일정에 맞추어 같은 단원의 문제 풀이를 시켰다. 이렇게 하여 방학 동안 나와 공부한 내용을 학교에서 복습하며 시험을 준비할 수 있게 되었으며 모르는 문제는 선생님에게 질문할 수 있게 되었다.

그렇게 공부했더니 아이는 중학교 3년 동안 반에서 1, 2등을 유지할 수 있었고 학교 전체 등수도 상위권에 있었다.

시험을 보면서 알게 된 것은 학교 시험 성적이 응용 문제에 대한 아이의 풀이 능력에 의해 좌우된다는 것이다. 많은 부모들이 사교육을 무시할 수 없는 점도 응용 문제에 대한 대비 때문이다. 아이가 시험을 준비할 때 학교 공부에 대한 이해만으로도 대비된다면 지금처럼 고액의 사교육이 필요하진 않을 것이다. 하지만 시험을 보게 되면 난이도가 높은 응용 문제가 아이들의 실제적인 성적을 좌우했다. 교과서를 꼼꼼히 익혔지만 풀지 못할 정도로 어려운 문제가 시험에 나오기 때문에 혼자 공부하는 아이를 당황스럽게 만드는 것이다.

응용 문제를 풀기 위한 해결 방안으로 나는 새로운 문제를 많이 접해 보는 것을 택했다. 새로운 문제를 접하기 위해 가능하면 문제를 많이 풀어 보았는데 예진이가 풀 수 있는 최대량은 30개 학교 정도의 문제였다. 그 양이 양면으로 프린트를 했을 때 학기당 A4용지 한 박스는 되었다. 하지만 많은 양의 문제를 푸는 것이 생각만큼 어렵지 않았다. 왜냐하면 문제 중에 비슷한 유형의 문제가 반복되기 때문이었다. 이를 통해 자연히 복습과 암기의 효과도 얻을 수 있었다.

"이만하면 됐어. 이 정도 했는데 어렵게 나오면 학교에서 천재를 찾기 때문일 거야."

좀 더 많은 문제를 풀게 되면 좋은 성적이 나온다는 것을 알고 있었지만 시험 문제가 너무 어렵게 나오는 것에 나는 불만을 가지고 있었다. 물론 요즘 아이들이 공부를 많이 하기 때문에 조금만 쉬워도 대부분 100점을 맞다 보니 너무 쉬워지면 변별력이 없다는 문제도 있겠지만 엄마의 입장에서는 성적을 어려운 시험으로 결정하지 말고 다른 대안이 나왔으면 좋겠다고 생각할 정도였다. 모두들 기초학력의 부족을 학생들의 문제라고 말하지만 기초학습을 충분히 익히려고 한다면 학교 시험을 대비할 수가 없다. 시험 성적이 높지 않은 아이들의 불만을 책임질 대안이 없는 현실에서 원인을 학생들에게만 돌리는 것 같아 엄마의 입장에서 마음이 아프다.

기출문제가 있는 사이트

족보닷컴 www.zocbo.com/

기출닷컴 www.gichool.com/

내신닷컴 www.naeshin.com/

문제닷컴 www.moonje.com/

99점닷컴 www.99jum.com/

공부하자닷컴 www.0-buhaza.com/

exam4you exam4you.com

학교시험.com www.gongbuhaza.co.kr/

쌤통 www.saemtong.com/

필기하기

　　　　　　　　　　　　고등학생이었을 때 수업 중에
조는 아이들이 많아지면 선생님께서 농담을 하시거나 우스운 행동을
하셔서 아이들을 깨우곤 하셨다. 나는 그럴 때 선생님의 농담을 노트에
그대로 옮겨 적었고, 집에서 공부를 하다 농담이 적힌 부분을 보면 수
업 내용이 그림처럼 되살아나서 이해하는 데 도움이 되었다.

　이후 나는 노트나 교과서에 선생님이 하신 농담과 행동을 적었고 그
덕에 수업을 집중할 수 있게 되었으며 수업 내용을 그 농담과 연결하여
기억할 수 있게 되었다.

　중학생이 된 예진이에게도 나의 경험을 이야기해 주며 수업 시간에
같은 방법으로 선생님에 대해 적어 놓으라고 말했더니 예진이는 대단
한 발견을 한 것처럼 두 눈이 반짝였다. 한동안 공부 내용이 아닌 선생

님에 대한 이야기만을 나에게 해 주어 실망도 했지만 효과는 있었다.

수업 시간에 농담을 적는 버릇이 든 예진이는 대학생이 되어서도 수업 시간에 집중하는 데 도움이 된다는 말을 한다.

"엄마 오늘 교수님이 첫 수업이라고 막대사탕을 나누어 주셨어요. 신부님이셔요. 근데 수업 중에 먹어도 된다고 하셨지만 엄마를 위해 가져왔어요. 엄마 막대사탕 좋아하잖아요. 대신 난 오늘 필기할 때 사탕을 주신 신부님에 대한 내 느낌을 적어 두었어요. 이게 다 엄마가 수업 중에 선생님에 대해 적어 놓으라고 해서 버릇이 된 거에요. 어때요? 이번 학기 점수는 좀 나아질 것 같죠?"

예진이가 고등학교 2학년이 되었을 때 성적이 우수한 아이들은 종합학원을 그만두고 자신이 부족한 과목의 특별 사교육을 받기 시작했다. 수능이 얼마 남지 않게 되면 아이들이 자신의 부족한 과목을 집중적으로 공부하게 되는데 그 시기가 2학년 즈음인 것 같다. 그때가 되면 성적이 오르지 않는 과목의 구분이 명확히 드러나기 마련인데 이때 부모들은 이른바 고액과외라는 특단의 조치를 조심스레 생각하는 모양이다.

"엄마, 어떤 친구는 유명 인터넷 선생님과 확률만 공부하는데 시간당 200만 원을 준대요! 그런데 그 애는 이번 수학 시험을 망쳤나 봐요. 나도 망쳤는데. 유명 선생님에게 수업 받고 싶다. 나도!"

예진이는 확률을 비롯한 수리영역의 난이도 높은 문제를 준비하기 위해 《천일수학》이라는 문제집을 풀었다. 수학을 잘하는 아이들이 푸는 이 책의 존재는 엄마들 사이에 절대 비밀로 되어 있는 고급 정보인데 친한 엄마를 통해 극적으로 알게 되었다. 이 책은 일본 동경 대학교에서 출제된 기출 문제로 난이도가 높고, 책의 양이 많기 때문에 시간을 가지고 풀어 보아야 할 정도이다. 수학을 잘하는 아이들이 꾸준히 하루에 한두 문제를 풀어 보았다고 해서 나도 서점에 가서 어렵게 구하여 예진이에게 풀도록 했다.

"저녁에 두세 문제씩만 풀어. 그러면 너도 수학 잘할 수 있어."

"헉! 이 많은 걸 언제 풀어요."

"밤마다 풀어 그러면 수학에서 나오는 어려운 문제를 풀 수 있다고 하잖니."

몸에 좋은 약을 어렵게 구해온 엄마처럼 아이가 문제집을 풀고 수학을 잘해 주기를 간절히 바라는 마음이었다.

"엄마 이거 나한테 무리에요. 너무 어려워요."

책을 펴보지도 않고 어렵다고 말하던 예진이가 책을 펼쳐 보더니 무척 놀라워했다.

"엄마! 수업 시간에 선생님이 풀어 주신 문제가 여기 나와 있어요. 이 책을 풀면 중간고사에 도움이 될 것 같아요."

학교 수업이 얼마나 중요한지 알게 된 일이었다.

요즘 사교육의 문제가 부각되면서 학교 교육이 상대적으로 낮게 평가되는 것을 알 수 있다. 하지만 예진이의 경우만 보아도 학교 교육을 충실히 듣는다면 대학입시에 대비할 수 있었다. 예진이가 논술 문제나 난이도 있는 문제를 학교 수업 시간에 배웠던 것을 생각하면 대부분의 교과 수업이 중요하다는 생각을 하게 된다. 그렇기 때문에 아이가 수업 시간의 내용을 기억할 수 있는 방법을 찾아 주거나 아이가 찾도록 하면 많은 도움이 된다.

예진이는 나와 닮은 부분이 참 많다. 닮지 않았으면 했지만 결국 닮아 버린 모습을 보며 나의 실패를 예진이의 실패로 생각하고 대책을 마련하면 거의 맞았다. 나 또한 이해력이 떨어지는 사람이고 보니 나의 방법이 예진이에게 도움이 되었다. 엄마에게 좋은 방법은 아이에게도 좋은 방법이 될 수 있다고 생각한다.

수업에 집중이 안 된다면

수업 시간에 선생님이 하신 농담이나 장난스러운 행동을 노트필기 옆에 적어 두면 시간이 지나도 교과내용이 생각나고 수업 시간에 집중할 수 있다.

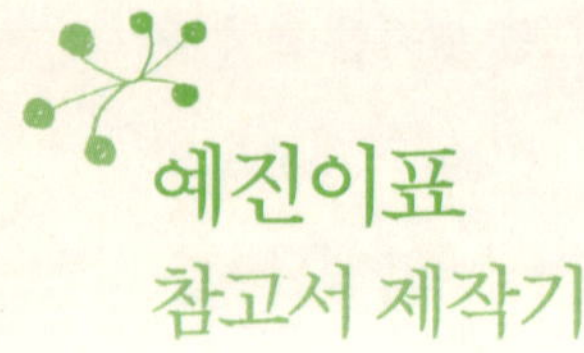

예진이표
참고서 제작기

시험을 본 후 많은 아이들이 작성하는 오답노트는 성적을 올리는 데 효과가 있다고 한다. 하지만 혼자 공부하는 예진이는 오답노트 대신 참고서를 만들었다. 틀린 문제와 연관된 내용을 교과서나 참고서에서 찾아 적는 것으로 출제된 단원을 요약하고 비슷한 유형의 문제를 찾아 만드는 점이 오답노트와 조금 달랐다. 때문에 예진이와 나는 참고서라고 불렀다.

혼자 공부를 하다 보면 전문적인 선생님의 설명 없이 공부하기 때문에 교과목에 대한 이해가 완벽하다고 할 수 없다. 또한 인터넷으로 강좌를 수강하다 보면 이해하는 범위가 한정되기 쉽다. 수업 중에 질문을 할 수 없기 때문에 이해가 되지 않아도 다음 진도를 따라가다 보니 이해 범위가 축소되는 단점이 있다.

그런 단점을 보완하기 위해 시험을 보고 나면 틀린 문제의 정답을 교과서에서 찾고 연관된 내용과 비슷한 유형의 문제를 정리하여 오답노트에서 발전된 참고서를 만들었다.

같은 문제가 출제되는 경우뿐 아니라 비슷한 유형의 문제가 출제될 때를 대비한 공부였는데 교과서 내용의 응용력을 키우려는 방법이 되었다.

고등학교에 올라와서도 중학교 때와 마찬가지로 기출 문제를 풀어 보았지만 투자한 시간과 노력에 비해 학교 내신이나 모의고사에서 효과를 보지 못하여 그만두었다. 그 이유는 기출 문제가 전년도와 과년도의 문제라 난이도에서 많은 차이를 보였는데 시간이 지날수록 문제가 점점 어려워진다는 생각을 했기 때문이다.

예진이에게는 시중에서 판매되는 참고서와 비슷하게 만들도록 했는데, 다음 시험을 대비해서 만들었지만 사실은 만들면서 복습이 되기 때문이었다. 여자 아이다 보니 여러 가지 색으로 다양하게 만들고는 했다.

내가 어렸을 때엔 지금처럼 다양한 색의 펜이 없기도 했지만 또한 많은 펜을 사용하는 것을 사치로 여겼다. 그런데 예진이와 문구점에 가게 되면 예진이 손엔 어김없이 한 움큼의 펜이 들려 있었다.

"그게 필요한 거야? 왜 그렇게 펜 욕심이 많니?"

"이거 있어야 해요. 다른 아이들도 다 있어요."

아무리 혼내고 말리려 해도 예진이는 꼭 필요하다고 하면서 기어이 사고 말았다.

그러나 공부를 잘하는 아이는 기억하기 좋게 여러 가지 색의 펜을 사용한다는 말을 교사로 있는 지인으로부터 듣고 다시 생각하게 되었다. 아이가 좋아하는 색의 펜을 사용하면 공부를 하는 데 지루하지 않도록 조금이나마 도움을 주고, 시각적으로 구분되어 암기하는 데 도움을 준다는 말에 예진이에게 미안한 생각이 들었다.

참고서를 만들면 아이가 틀리는 문제의 유형이 통계적으로 파악된다. 한 번 틀린 문제는 매번 틀린다. 예진이의 경우 수학에서는 '확률'문제였고 영어에서는 '태'에 관한 문제였고 과목으로는 '물리'와 '화학'에서 많이 틀렸다. 그렇게 아이가 틀리는 문제의 유형을 알게 되면 인터넷으로 해당 단원과 과목을 수강하도록 하여 나름대로 보완을 했다.

이렇게 만들어 놓은 예진이표 참고서는 시험 보기 직전에 확인하면서 틀리는 문제를 줄이기에 탁월한 효과가 있었다.

예진이와 공부한 시간을 돌아보면 특히 예진이에게 도움이 되는 일들이 있다. 참고서가 그랬다. 참고서를 만들면 사실 시간이 많이 걸리는 단점이 있다. 그래서 토요일 오후나 일요일처럼 집중이 되질 않아 공부를 해도 소용이 없는 시간에 만들거나 잠을 참을 수 없는 늦은 밤에 만들면 자투리 시간을 활용한다는 점에서 좋았고, 또한 집중하지 않고 만들어도 도움이 된다는 점에서 좋았다. 점차 요령이 생겨서 틀린 문제를 손으로 직접 옮겨 적지 않고 시험지를 오려서 노트에 붙여 시간을 줄였다.

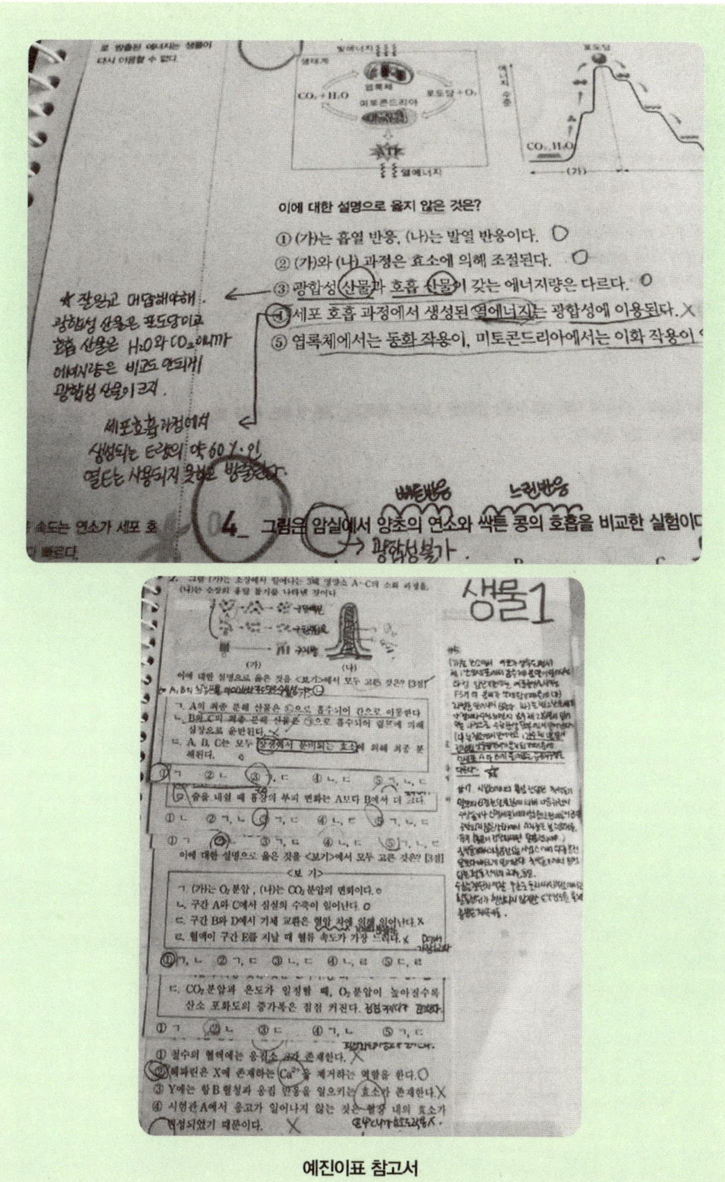

예진이표 참고서

대학입시가 다가올 때는 시간이 없고 촉박하다 보니 참고서에 많은 시간을 투자할 수는 없었다. 하지만 아무리 바쁘더라도 하지 않을 수 없을 만큼 공부를 정리하는 데 효과가 있기 때문에 예쁘게 만들지 못하더라도 문제와 연관된 단원을 교과서에서 찾고 정리하는 공부를 수능 보기 직전까지 했다.

수능 전날에는 푹 쉬어야 시험을 보는 데 도움이 된다는 말을 하지만 예진이는 전날 참고서를 읽으며 최종 마무리를 했다. 예진이가 평소 시험 성적보다 수능에서 높은 점수를 받은 데에는 참고서가 도움이 되었다고 생각한다.

응용력이 부족한 아이에게 오답노트는 같은 문제가 나올 때 도움이 되지만 참고서는 복습에 도움이 된다는 점에서 추천하고 싶다.

아이표 참고서를 만드는 법을 표로 작성하여 벽에 붙여 준다.

1. 틀린 문제가 출제된 단원을 먼저 요약하여 적어 둘 것

2. 그와 유사한 문제를 함께 적어 둘 것

3. 전반적인 내용 파악이 필요한 경우 다른 단원과 함께 연관 지어 요약할 것

4. 예쁘고 정성스럽게 만들 것

영자신문사 들어간 비법은
영어 단순암기

　　　　　예진이는 외국인과 대화도 가능하고 고등학교에서 영자신문반 활동도 했다. 수능에서 외국어영역이 어렵게 출제되었음에도 만점을 맞았으니 영어를 잘하는 것은 확실하다. 게다가 사교육이나 조기교육을 시킨 적이 없기 때문에 더욱 성공적이라고 할 수 있겠다.

　예진이의 영어교육은 중학교 입학을 기다리고 있던 겨울부터 시작했다. 학습지로 어느 정도 영어에 대한 기초는 갖춘 상태였지만 어린이를 대상으로 단어를 공부하는 학습지였기 때문에 본격적인 영어공부는 영문법을 배우는 것이었다. 내가 고른 영문법 책은《윤선생 영문법》인데 수업은 테이프를 들으며 공부하는 방식이었다.

　영문법을 먼저 공부시킨 이유는 경험 때문이었다. 나는 영어를 공부할 때 문법책을 옆에 놓고 확인하면서 공부했다. 나에게 어려웠던 문법이 모두 문법책 안에 있다는 것을 확인하면서 자신감이 생겼던 기억 때문이다.

초등학교부터 영어를 배우는 요즘 아이들에게 영어는 더 이상 낯설지가 않다. 하지만 문법이라고 하면 두려움을 가지고 어렵게 생각하던 예진이에게 내 경험을 바탕으로 앞으로 배울 내용과 문법의 범위를 알려주고 싶었다.

"이제부터 배우는 영문법은 이게 다야. 그러니까 어떤 것을 배워야 하는지 알고 있으면 돼. 다 암기하거나 겁먹을 필요 없어."

앞으로 중학교부터 고등학교 과정까지 배울 영문법이기 때문에 크게 부담은 주고 싶지 않았다. 그런데 테이프를 듣고 공부하는 방법을 낯설어 했다. 테이프로 수업을 듣게 되면 필기를 위해 멈춤 버튼을 누르고 다시 작동 버튼을 눌러야 하는 불편이 있기 때문에 싫어했다. 하지만 곧 효과는 나타났다.

"엄마, 이거 참 재미있어요. 엄마! 이거 봐요. 마요네즈를 풀어서 우유라고 속이려고 하다가 자기가 먹었어요. 이 사람 얼굴 좀 보세요. 크크 웃기죠?"

엄마의 성화로 마지못해 공부하던 예진이가 영문법 책을 보여주며 나에게 해 준 말이었다. 내용도 재미있고 지루하지 않게 설명되어 있는 교재를 선택해 거둔 성공이었다. 왜냐하면 예진이가 영문법 공부에 흥미를 느끼기 시작했기 때문이었다.

처음 공부한 영문법 책은 사전과 함께 두어 학교 교육과정에서 문법을 배울 때마다 같은 단원을 찾아 복습했다. 그 결과 중학교 3년 동안 문법책을 여러 번 반복해서 보게 되었다.

문법을 먼저 공부했을 때 좋은 점은 나의 경험과 마찬가지로 시험에서 틀린 문법 문제를 문법책에서 확인하면서 아이가 영어에 대한 두려움이 많이 없어지는 것이다. 또한 중학교 3년 과정 동안 영어 점수가 높았는데 틀리는 문법 문제는 문법책 안에서 해결할 수 있었다.

그러나 고등학교에 올라가서는 내용이 어려워지기 때문에 문법책으로 수능을 대비할 수 없었다. 그래서 인터넷으로 문법 강좌를 수강하면서 수능을 대비했다. 예진이는 수동태, 능동태를 어려워했는데 문법책의 설명으로는 예진이가 충분히 이해할 수 없었기 때문이었다. 이것을 극복하기 위해서 같은 범위라도 선생님을 바꾸어 새로운 강좌를 듣게 했다. 그 이유는 선생님의 설명하는 내용이 조금씩 다르기 때문이었다. 예진이가 영어에서 태에 대한 문제를 두려워하지 않게 되다 보니 반복적인 학습이 또한 도움이 되었다. 이후 부족한 다른 과목의 단원도 반복해서 수강하도록 했는데 그때마다 새로운 강좌를 듣도록 신청했다.

'가장 좋은 회화 공부 방법은 문장을 암기하는 것'이라는 말이 있지만, 예진이는 문장을 채우는 시험 준비 때문에 교과서에 나오는 문장을 암기하게 되었다. 중학교 시험 문제에서는 교과서 문장에 일부분을 채우는 문제가 제법 많이 출제되었다. 그리고 예진이의 중학교 1학년 영어 선생님은 교과서를 암기하는 숙제를 많이 내어 주셨다. 숙제 검사를 하실 때 아이들을 앞에 나오게 하여 암기한 문장을 발표하게 하셨기 때문에 교과서 암기를 많이 한 계기가 되었다.

그렇게 1년 보내고 나니 예진이는 제법 많은 양의 문장을 외웠다. 교과서 내용에는 줄거리가 있어서 암기하다 보면 이야기의 흐름이 생각나기 때문에 기억하기가 쉽다. 또한 교과서의 내용이 아이들에게 맞추어져 있어 아이들이 재미있어 한다는 장점이 있다.

"엄마 나는 영작하는 실력이 좋은 것 같아요."

자신감이 생긴 예진이가 교과서를 암기하며 한 말인데 처음에는 암기하는 시간이 많이 걸려도 실력이 느는 속도는 다른 어떤 방법보다 빠르다는 것을 알 수 있었다.

어느 정도 연습이 되면 한국말로 해석된 참고서를 보면서 영어로 바꾸는 연습을 했다. 그러다 보니 교과서를 통째로 암기하게 되었다. 학년이 올라가서도 교과서를 암기하여 시험을 준비하도록 했는데 그런 과정이 예진이에게 많은 문장을 암기하는 계기가 되었다.

외국인과 부담 없이, 자신 있게 대화하기 위해서는 평소에 영어로 말하는 연습을 많이 해야 한다. 하지만 영어로 대화하는 습관을 들이라는 것은 현실적으로 어려움이 많았다. 영어마을을 다녀오거나 영어 연수를 갔다 오는 등 많은 방법이 있지만 집에서 아이가 공부하면서 소리 내어 암기하고 큰소리로 책을 읽는 것도 하나의 방법이 되었다.

예진이는 외국인과 따로 공부한 적이 없는데 책방에서 우연히 만난 외국인과 한동안 대화를 한 적이 있었다.

"예진아! 너 부끄럽지 않았니? 엄마는 외국인과 말을 하려면 생각이 잘 안 나는데?"

"엄마 난 큰소리로 읽어 버릇해서 그런지 부끄러운 마음은 안 들어요. 내가 말한 영어를 내가 듣다 보면 말하는 데 부끄러운 마음이 많이 줄어들어요."

교과서를 암기하는 숙제를 발표하기 위해 큰소리로 말하는 연습을 했는데 그 방법이 영어에 대한 자신감이 생기도록 한 것이다. 한국 영어 교육이 문법 위주라고 말하지만 요즘 아이들은 영어를 잘한다. 외국 연수나 외국인과의 특별 사교육을 받지 않고도 잘하는 아이들도 많다.

예진이가 영자신문반에 들어가겠다고 했을 때 외국에 다녀오거나 외국에서 살다온 아이들이 한 반에 50%를 넘는 강남에서 너무 무리한 욕심을 부린다고 생각했다. 그러나 예진이는 영자신문반에 합격하고 부단장이 되었다. 영자신문은 학교 주변의 일들이나 선생님의 인터뷰를 영어로 다시 옮겨 쓰고 신문반 아이들의 에세이를 실었다.

한번은 영어선생님이 처음 오셔서 반에서 영어를 가장 잘하는 아이가 누구냐고 물었더니 반 학생들이 예진이를 지목했다고 한다.

"엄마! 친구들이 나를 그렇게 생각해 주는지 몰랐어요. 그리고 선생님이 나에게 책을 읽어 보라고 하셨는데 실력이 들통날까 봐 무척 걱정했어요."

"그래서 잘했어? 네가 반에서 제일 잘하는 거 맞아?"

"몰라, 내가 그런가 봐요."

아이들의 기억력은 어른들이 생각하는 것보다 훨씬 뛰어나서 많은 양을 암기하거나 또 상당한 시간이 흘러도 암기한 내용을 잊지 않고 기억한다. 특히 영어 교과서의 문장을 암기하면 시간이 지나고 나서 그 문장을 바탕으로 응용할 줄도 알게 된다. 그런 점에서 영어는 별다른 이해 없이 단순 암기만으로도 실력이 늘 수 있다는 것을 예진이를 통해 알게 되었다.

최근의 영어교육 트렌드가 큰소리로 읽는 것임을 보면 예진이의 방법이 옳았음을 알 수 있다.

문장을 해석하는 법

틀린 용법을 찾는 시험 문제를 예진이가 어려워했기 때문에 나는 예진이에게 문장을 앞에서부터 끊어 해석하는 방법을 알려주었다.

- 주어 앞에 오는 부사구와 부사절은 주어 앞에서 끊어 읽는다.

- 긴 주어 뒤에서 끊어 읽는다.

- 긴 목적어 앞에서 끊어 읽는다.

- 진주어 또는 진목적어 앞에서 끊어 읽는다.

- 접속사 앞에서 끊어 읽는다.

- 관계대명사와 선행사 사이에서 끊어 읽는다.

- 삽입구나 삽입절의 앞과 뒤에서 끊어 읽는다.

이 부분은 사실 엄마가 아이에게 설명하기에는 어려움이 많다. 그래서 해석하는 방법에 대한 인터넷 강좌를 듣도록 권하고 싶다. 해석이 쉬워야 공부가 수월하기 때문이다.

시험을 잘 본다는 것은 영어를 잘하는 것도 있겠지만 사실 해석이 잘 되어야 한다. 그렇기 때문에 해석하는 법을 우선 연습하고 나서 문법을 풀면 아이들이 문법을 쉽게 공부할 수 있다. 그렇기 때문에 해석하는 방법만이라도 따로 사교육을 받게 해도 좋다고 생각한다.

한 학기를 마치고 방학을 하는 날이면 예진이의 가방에는 새로운 교과서가 한가득 들어 있다.

"개학을 하고 책을 주는 것이 맞지 않아요? 방학 때 새 책을 주는 것은 방학에도 공부만 하라고 강요하는 거 같아요!"

무거운 가방을 현관 앞에 내려놓자마자 소파에 몸을 던지는 모양이 새 책이 주는 부담감 때문에 방학의 기쁨을 느끼지 못하겠다는 불만의 표현인 것 같았다.

내가 어렸을 때 가장 많이 한 놀이가 소꿉놀이였다. 노란색 밥그릇, 빨간 식탁, 손으로 잡기에도 너무 힘든 작은 수저, 파란색 반찬 그릇들. 그 속에 꽃잎 반찬을 만들고 흙으로 밥을 짓고 이파리로 국을 만들어 친구들과 놀던 기억은 예진이 또래 아이들에게는 먼 나라 이야기일 뿐이다. 그런 면에서 요즘 아이들이 참 안됐다는 생각을 한다.

부모 세대에게는 방학 동안 외갓집에서 오랜 만에 만난 사촌과 놀던 추억이 있다. 잠자리를 잡겠다며 논두렁에 뛰어다니다 보니 거머리가 다리에 붙어 있었던 끔찍한 일도 있었고, 계곡에서 신나게 놀아 까맣게 그을린 얼굴을 하고 밀린 일기를 쓰던 개학 전 날 밤의 기억도 있다. 그러나 그날 밤의 고단함도 지나고 나면 달콤하게 느껴진다. 외할머니 댁에서 직접 만들어 먹던 구운 옥수수의 구수한 맛은 다시는 찾을 수 없는 추억 속의 맛이 되었다. 그리고 노란색과 분홍색의 백일홍을 흙 속에 묻고 그 위에 깨진 유리를 덮고 나서 흙을 치워 보면 유리를 통해 노랑과 분홍의 색이 화사하게 보이던 꽃 무덤도 모른다.

이런 옛생각을 하면 예진이가 던진 말이 가슴에 칼처럼 꽂힌다. 손자국 나지 않은 새 책이 수북이 쌓여 있는 모습을 보면 나에게도 부담이 전달되었다. 그래서 친구에게 고민을 털어놓기도 했다.

"어떻게 하면 교과서 내용을 아이 머리에 잘 넣어 줄 수 있을까 걱정이 이만저만이 아니야. 아이 머리에다 대고 책을 두드리면 저절로 머릿속에 정리되는 방법 없을까? 그러면 얼마나 좋겠니?"

예진이가 새 교과서를 받아 올 때마다 맑고 투명한 비닐로 포장해 주었다. 예진이와 새로운 교과서를 펴서 다음 학기에는 어떤 내용을 배우는지 보기 위해 차례를 확인했다.

“차례에는 교과서 전체의 내용이 나와 있기 때문에 차례를 보면 앞으로 찾아가는 곳을 인공위성에서 내려 보는 것과 같아.”

예진이에게 차례의 중요성을 강조하기 위해 해준 말이었다. 예진이의 문제점은 전체적인 내용을 파악하지 못한다는 것이었다. 그래서 차례를 보며 교과 내용을 구분하고 서로 연관시켜 보도록 하기 위해서였다.

“왜 인공위성이라는 건데요?”

“공부를 하려고 무턱대고 책의 내용만 보는 건 갈 길도 모르면서 땅만 바라보는 것과 같아. 갈 곳이 어디인지 어떤 목적을 가지고 가는 길인지 정도는 알아보자는 거야. 그러면 책의 내용도 쉽게 기억되지. 차례를 보지 않고 책을 보는 것은 산의 전체 모습을 보지 않고 나무만 보는 것과 같아. 차례를 보면 생각을 정리하고 교과 내용을 전체적으로 이해하고 기억하는 것에 도움을 준다고 엄마는 생각하는데……..”

적절한 표현으로 나의 뜻이 정확하게 전달되어 머리로 행동으로 따라오도록 하는 능력이 있으면 좋겠다는 생각을 할 만큼 힘들었던 일 중 하나였다.

예진이는 공부를 할 때 눈으로 보는 페이지의 내용만 알고 있었다. 혹시나 하는 마음으로 “지금 공부하고 있는 단원이 뭐야?”라고 물어보면 거의 대답을 못했다. 결국 자신이 어떤 단원을 공부하는지 모르고 무작정 공부하고 있었다. 그러다 보니 전체적인 내용을 파악하지 못한다. 이런 습관이 들면 자신이 공부하고 있는 단원의 제목이나 소제목을 모르는 경우까지 생긴다. 그래서 예진이와 공부를 할 때 연습장에 전체 단원과 소단원을 적어 놓고 공부를 했다. 그래도 예진이의 버릇이 변하지 않아서 계속 잔소리를 하며 지내야 했다.

예진이가 고등학교 1학년이었을 때 학부모 모임에 간 적이 있다. 엄마들과 상담을 하시던 담임선생님의 공부 비법을 듣고 나와 같은 생각을 가지고 계신 것에 반가웠다.

"전 수업을 마치면 책을 덮고 차례를 보며 그날 배운 내용을 되새겼어요. 그리고 수업을 시작할 때도 같은 방법으로 공부했어요. 책을 펴고 수업이 시작되기 전에 차례를 보며 전에 배운 내용을 기억하는 것입니다. 다른 아이들은 쉬는 시간에 암기를 하거나 문제를 풀지만 저는 차례를 중요하게 생각했습니다. 저의 공부 비법이에요."

서울대 국문학과를 졸업하신 선생님은 고등학교를 다닐 때 자신이 얼마나 공부를 안 했는지 알면 모두 놀랄 것이라고 하셨다. 그나마 자신이 지금 선생님이 될 수 있었던 것은 책의 차례를 보며 배운 내용을 확인한 덕분이라고 하셨다.

선생님의 또 다른 공부 방법은 쉬는 시간에 노트 필기를 읽는 것이라고 하셨다. 쉬는 시간 동안 노트 필기를 보게 되면 암기의 효과도 있지만 내용을 정리하는 데 효과적이라는 점을 강조하셨다. 또한 쉬는 시간에 노트필기를 읽고 수업을 받으면 내용이 연결되기 때문에 집중할 수 있게 된다고 하셨다.

교과서의 차례를 보면서 배운 내용을 되새기면 교과 내용을 전체적으로 이해하고 어떻게 공부할지 그림이 그려진다는 말씀을 듣고 나자 예진이의 습관적인 행동이 변하게 될 것 같았다.

선생님은 자신이 공부를 하지 않는 아이였다고 겸손하게 표현하셨지만 예진이와 마찬가지로 개구쟁이였을 것 같은 느낌을 받았다. 공부를 폭넓게 이해하지 못하는 예진이에게 차례를 활용하는 공부 방법은 효과가 컸다. 그런 나와 같은 생각을 가지고 있는 선생님의 말씀을 듣고 무척 기분이 좋았다. 또한 선생님의 경험이 좋은 결과로 나타났기 때문이었다.

'차례'는 인공위성 혹은 지도이다.

1. 차례를 먼저 인지하면 앞으로 배울 내용을 머리 속에서 그리며 내용을 익힐 수 있어 효과적인 학습이 가능하다.

2. 수업 후 차례를 보며 배운 것을 복습하고, 수업 전 차례를 보며 전 시간에 배운 내용을 기억하는 연습을 하면 학교 수업만으로도 최대의 효과를 볼 수 있다.

책을 싫어하면
만화영화를 보여주자

어릴 적에 장난이 심한 예진이는 책을 무척 싫어했다. 그렇다고 예진이에게 책을 읽히기 위해 노력하지 않은 것은 아니다. 엄마가 아이와 함께 도서관에서 책을 골라 일주일씩 빌려다 읽게 하거나 서점에 가서 아이와 놀이삼아 책을 읽게 하는 등 여러 가지로 노력하는 모습을 주변에서 보아왔기 때문에 나도 같은 방법을 시도해 보았다. 예진이의 큰아버지는 자녀들이 책을 대여해 주는 곳을 마음껏 이용할 수 있도록 대여료를 월말에 결제하는 방법을 사용하셨다. 그렇다 보니 예진이의 사촌 언니들은 독서량이 다른 아이들에 비해 월등히 많았고 공부도 잘했다. 그런 성공 사례를 보며 나도 적극적으로 나서 보았지만 예진이는 잠들기 전에 잠깐 읽어 주는 동화책도 싫어했다.

"졸린데 그만 읽으면 안 돼요? 시끄러워서 잠이 안 와요!"

동화책을 선물로 받으면 어느새 책에 나오는 인물 그림에 온통 수염과 점을 그려 놓고 그도 맘에 안 차면 가위로 얼굴만 오려 놓아서 가슴을 치게 만들었다. 또 어쩌다 친구 딸이 책을 잘 읽는다는 말에 샘이 나서 저도 책상에 앉아 책을 읽지만 그것도 잠시뿐 어느새 책에 얼굴을 박고 잠이 들었다. 하지만 책을 읽으라고 강요해서 예진이가 책에 대해 거부감을 가지게 하고 싶지는 않았다. 나중에 어른이 되어 책을 대할 때 화를 내는 엄마의 얼굴이 떠오르게 할 수는 없기 때문이었다.

그런 아이를 보며 실망을 했지만 공부 잘하는 아이들이 어려서 책을 많이 읽어 사고의 폭이 넓어졌다는 경험담을 듣다 보니 예진이를 그대로 둘 수 없어서 다른 방법을 찾아보았다. 결국 만화를 좋아하는 예진이에게 동화책을 대신할 수 있는 만화영화를 선택하여 여러 번 반복하여 보여주며 서서히 예진이가 책을 좋아하고 책을 읽어야 하는 필요성을 이해할 수 있을 때까지 기다리는 방법을 택했다.

처음에 고른 만화영화는 〈빨강머리 앤〉이었다. 〈빨강머리 앤〉은 내가 어렸을 때 텔레비전에서 방영하여 무척 재미있게 보았는데, 예진이가 유치원을 다닐 무렵 다시 방영을 하기에 녹화를 하기 시작했다. 혹시 녹화를 빠트리면 내용이 연결이 안 될까 봐 내 스케줄을 녹화 시간에 맞추었을 정도였다. 지금처럼 영상물을 쉽게 구할 수 없을 때의 이야기가 되고 보니 시간의 흐름을 새삼 느끼게 된다.

당시 만화영화는 섬세한 표현 때문에 어린 나에게도 정서 발달에 일

조한 부분이 있다고 생각했다. 물론 책에서도 상상력을 발휘할 수 있지만 눈으로 보는 아름다움이 사진처럼 머릿속에 남아 있을 수 있다는 점은 영상만의 매력인 것 같다.

어디 한가한 시골에 가면 초록색 지붕집이 있고 집 앞으로 맑고 깨끗한 실개천이 흐르며 단풍나무 우거진 오솔길을 따라 가면 가장 친한 친구가 나를 반겨 줄 것만 같은 환상을 품게 한다. 맑은 강에서 친구들과 연극을 하다가 물에 빠지는 아찔한 추억도 만들고 잘생긴 개구쟁이 남자친구와 경쟁하며 공부할 수 있는 작은 학교에 다니며 마차를 타고 가서 맛있는 사과주스를 만들어 올 것 같다. 뒤뜰 텃밭에는 아침이슬을 입은 토마토가 자라고 있는 마음의 고향을 만들 수 있게 하는 만화였다.

또 하나 골라준 만화영화는 〈호호 아줌마〉였다. 그 이유는 영상도 아름다웠지만 등장인물의 언어 표현이 문학적이며 아이들의 이야기이기 때문에 사회성 발달과 친구관계를 배우기에 좋은 모범을 보여줄 수 있을 것 같았기 때문이다. 거의 매일 반복해서 보여주었는데 예진이는 같은 내용을 반복적으로 보여주어도 싫증내지 않았다. 또 나도 좋아했기 때문에 반복이 힘들지는 않았다.

지난 시간을 되돌아보면 어떤 일이든 내가 예진이의 반응을 무시하지 않고 받아들일 때 결과가 좋았다. 특히 책을 읽지 않은 예진이에게 책을 강요하지 않은 것은 가장 잘한 부분이라고 생각한다. 주변에서 이과를 지원한 아이의 엄마들과 이야기를 하다 보면 대부분 아이들이 책을 싫어했다고 한다. 거의 모든 아이들이 책을 좋아하지 않는다는 것을 알게 되었을 때 나는 무척 기분이 좋았다.

친구의 딸은 예진이와 동갑내기인데 어려서부터 책을 무척 좋아했다. 지금 그 친구의 딸은 국문과에 입학하여 대학에 다니고 있다. 예전에는 책을 좋아하는 친구의 딸과 비교했을 때 장난만 좋아하는 예진이가 부끄러웠다. 그러나 돌아보니 친구의 딸과 예진이는 단지 성향의 차이가 있을 뿐이라는 것을 최근에 깨닫게 되었다.

그러므로 책을 읽지 않은 아이를 둔 부모도 너무 걱정하지 않아도 된다는 것을 알려주고 싶다. 아이들의 성향의 차이일 뿐 능력의 차이가 아니라는 것과 또한 아이가 책을 싫어한다고 해서 무분별한 영상물을 보여주지 말고 책을 대신할 만한 좋은 영상을 아이에게 맞게 선택하도록 제안하고 싶다.

예진이에게 〈빨강머리 앤〉을 보여주어서 얻게 된 또 다른 장점은 예진이와 내가 공감대를 형성할 수 있게 된 점이다. 지금 예진이는 영어 이름으로 '프리실라'를 사용하는데, 프리실라는 앤이 고등학교에서 만난 친구의 이름으로 예진이가 활동적인 성격을 가진 프리실라를 좋아해서 자신이 선택한 것이다. 분명 만화에 나오는 프리실라의 행동이 예진이에게 영향을 미쳤을 것이다. 그런 예진이를 보며 아이에게 좋은 영상이 주는 영향은 엄마의 기대를 넘는다고 생각되었다.

드라마로도
언어영역 공부 가능하다

"이 드라마는 주제가 무엇 같니?"

"용돈을 아껴 써라, 그거 아닌가요?"

"왜 용돈은 아껴 써야 하는데?"

"사치스럽게 살면 결국 망하는 거니까 어려서부터 조심하라는 뜻인 거죠."

나는 예진이와 드라마를 보면 항상 주제를 묻곤 했다. 책을 읽을 수 없다면 책이 우리에게 줄 수 있는 교훈적인 내용을 드라마에서 찾거나 예진이가 좋아하는 만화영화에서 찾을 수 있게 하려는 의도였다. 책을 많이 읽는 아이들은 자신의 생각을 조리 있게 표현할 줄 알고 구사하는 언어의 폭이 넓다. 하지만 책을 읽지 않는 아이들은 표현력도 부족하고 사용하는 언어가 한정되어 있다. 일상적인 대화에서 얻는 방식 이외에 다른 대안이 없기 때문이다. 하지만 아이의 표현력을 키우는 것은 반드시 책이 아니어도 된다는 생각이 들었다. 그래서 나는 예진이와 함께 텔레비전 드라마를 시청한 뒤나 예진이가 좋아하는 만화영화를 시청한 후에 항상 주제를 묻고 주제에 대한 예진이의 생각을 말하도록 했다.

예진이가 주제를 말하지 못할 경우에는 나의 생각을 알려주고 생각의 방향을 정해 주었다. 언젠가 한번은 예진이가 "왜 엄마는 자꾸 주제를 물어봐요?"라고 질문해 왔다. 마침 기다리고 있던 질문이었다. 나는 책을 읽지 않았을 때의 문제점에 대해 장황하게 강조하여 설명해 주었다.

그리고 드디어 예진이가 스스로 책에 재미를 느끼며 읽기 시작했다. 바로《해리포터》시리즈가 나온 중학생 때였다. 책을 사달라고 조르고 밤을 새어가며 두꺼운 책을 단숨에 읽는 모습을 보니 기다린 보람이 있었다.

그런 예진이를 보며 아이들이 책을 읽지 않는 것은 재미를 찾지 못하기 때문이라는 생각이 들었다. 만약 아이가 로봇을 좋아하면 로봇에 관련된 책을 사주고 인형을 좋아하면 만화책을 사주어, 종류가 어떤 것이 되었든 재미있게 읽을 수 있는 것에서부터 시작해야 한다는 것을 예진이를 보며 알게 되었다.

지금 예진이는 많은 책을 읽는다. 그렇기 때문에 아이들이 책을 싫어한다고 해서 크게 걱정할 것은 없다고 생각한다. 다만 아이가 성장하는 동안에 책에서 얻어야 하는 사고력과 경험을 키우는 것이 다른 방법으로 가능하다고 생각한다. 나의 경우에는 주제를 물어보는 것이었다. 예진이가 글을 쓰는 숙제를 할 때 자신의 생각을 조리 있게 잘 표현했는데 이 방법과 무관하지 않다고 생각한다. 또한 예진이는 학교에 다닐 때 국어와 언어영역의 점수가 높은 편이었다. 대부분의 이과를 지원한 아이들이 언어영역에서 낮은 점수를 받은 것에 비하면 책을 읽지 않은 예진이의 점수는 문과를 지원한 아이들처럼 높은 수준이었다. 수능에서는 교과서 외의 비문학에 대한 문제도 출제된다. 교과서에 나온 문학 문제는 암기를 하면 되지만 교과서 외의 비문학은 그렇지 못하다. 그래서 아이들이 언어영역에서 높은 점수를 받지 못하고 힘들어 했다. 하지만 예진이는 그런 문제에 대해 특별한 어려움이 없었다. 드라마를 보면서 성가시게 주제를 물어 본 훈련이 효과가 있었다고 생각한다.

책을 많이 읽는 아이라 하더라도 책을 읽고 나면 책의 내용을 요약하거나 주제에 대한 질문을 하도록 해야 한다. 단순히 읽는 것으로는 사고가 형성되지 않기 때문이다. 결과적으로 책을 읽지 않았던 예진이에게 다른 매체를 통해 사고력을 키워 주려고 한 것은 예진이에게 강요하지 않고도 효과를 얻을 수 있었던 힘들지 않은 방법이었다.

책을 싫어하는 아이에게는……

1. 좋은 만화로 책을 대신하려면 만화 내용으로 대화를 유도하고 토론한다.

2. 드라마를 보면서 주제를 물어 생각을 키워 준다.

3. 주변에서 책을 쉽게 접하도록 해 준다.

4. 책을 읽지 않는다고 화를 내지 않고 책의 좋은 점을 알려주고 기다려 준다.

책 싫어해도 글쓰기 상을 받을 수 있다

사교육 없이 혼자 공부하는 아이를 둔 엄마에게 아이의 학교 숙제는 참 성가신 일이다. 집에서 계획한 공부를 하기에도 시간이 부족하고 힘든데 학교에서 끊임없이 숙제를 내주어 더욱 곤란하게 하기 때문이다. 예진이의 경우 특히 예체능 과목의 숙제가 많았고 숙제 점수가 내신에 반영되어 더욱 힘들게 했는데, 그 가운데 하나가 글쓰기 숙제였다.

예진이는 글을 쓰기 위한 기초적인 준비가 되어 있지 않은 상태였다. 알고 있는 어휘도 부족하고 글을 쓸 만한 구조적인 사고 과정이 전혀 갖추어지지 있지 않았기 때문이었다.

"엄마 환경보호에 대한 글짓기 숙제가 있어요. 어떡해요?"

예진이가 자신에게 어려운 문제를 해결해 달라는 모습은 흡사 어미

새가 어떤 고초를 겪으며 먹이를 가져오는지 아무 상관없이 그저 목청껏 먹을 것을 달라고 졸라대는 아기 새의 모습과 같다는 생각을 매번했다. 그때마다 받는 심적 중압감에서 벗어나기 위해 글쓰기 숙제에 대한 해결책을 모색했다.

글쓰기는 주제에 대한 자기의 생각을 글로 표현하는 것인데, 글로 어떻게 표현하느냐보다 글로 표현할 생각이 무엇이냐가 중요하다고 생각했다. 그리고 예진이가 받아오는 글쓰기 숙제에 대해 매번 글을 쓰는 방법을 설명해 주어 차츰 아이가 글쓰기에 대한 두려움을 줄여 주고 싶었다.

"예진아, 글을 잘 쓰는 것이 중요할까 아니면 글의 내용이 중요할까?"

"내용도 중요하지만 글도 잘 써야 하지 않아요?"

"글은 그 사람의 생각이야. 자신의 생각을 글로 바꾸는 것이지. 그러니까 글을 쓴다는 것에 부담을 갖지 마. 주제에 맞는 너의 생각이 중요한 거야. 먼저 자연보호에 대한 너의 생각을 말로 표현해 보자."

"동물이나 나무 같은 것을 보호해 줘야 한다고 생각해요. 그런데 그것을 어떻게 글로 쓰냐고요."

"보호해 줘야 한다는 생각을 표현하고자 할 경우 우선 소재를 찾아야 해. 소재는 자연보호에 관한 것을 찾으면 돼."

"그럼, 지난번 여행갈 때 보았던 '야생동물 전용도로'를 소재로 하면 될까요?"

　한동안 말이 없던 예진이가 강원도로 여행갈 때 보았던 야생동물 전용도로를 생각해 내었다. 그것은 나도 기억하지 못한 것이었다.

　"그래, 잘 생각했네. 엄마도 기억 못한 것인데……. 소재를 찾았으면 소재에 관련된 내용을 말해 보자."

　"야생동물 전용도로는 산속에 난 도로를 건너가다가 차 사고로 죽게 되는 사슴 같은 야생동물들을 보호하기 위해서 만들었어요. 그러니까 이것은 자연보호를 위해 사람들이 만들어 놓은 좋은 본보기예요. 그런 도로가 산속에 있는 것을 보고 신기했어요. 그리고 사람이 동물을 위해 만들어 놓은 것을 보고 사람이 착하다는 생각을 했어요. 왜냐하면 동물을 위해 노력을 했잖아요. 늘 말로만 동물을 보호하자고 했지만 실제로 전용도로가 나 있는 것을 보고 마음이 참 착한 사람들이 있구나 생각했어요."

　예진이가 사람들이 자연보호를 하고 있는 것을 보고 착한 사람들이라는 생각을 했다고 하니 나도 기분이 좋았다.

　"그럼 그 내용을 글로 쓰자. 서론, 본론, 결론이라는 형식에 맞게 글을 쓰면 되는데, 우선 서론은 소재를 찾게 된 동기 또는 소재에 관한 설명을 하고 본론에는 야생동물 전용도로가 동물보호에 어떤 영향을 주는지 쓰면 돼. 그리고 결론은 야생동물 전용도로를 보고 우리가 느낀 점 그리고 앞으로 우리가 동물보호나 자연보호를 위해 어떤 노력을 해야 하는지를 적자. 글을 먼저 쓸 생각을 하지 말고 너의 생각을 말로 표현해 보고 글로 적어. 글을 쓸 때는 너의 생각이 중요해. 너의 생각을 형식에 맞게 표현하면 돼. 마지막으로 너의 글이 도덕적이어야 해. 너의 글을 읽는 사람들에게 도움이 될 수 있도록 말이야."

그리고 제법 큰 종이에 서론, 본론, 결론으로 칸을 만들어 주며 각 부분에 써야 할 내용을 단어만 적어 놓게 했다. 아이가 적어온 서론의 단어는 강원도, 여행, 야생동물 전용도로였다

본론의 단어는 자연보호 그리고 결론은 '자연을 보호하는 사람이 착하다'였다.

그렇게 적은 단어를 가지고 예진이에게 이야기를 해 보라고 했지만 예진이는 단어를 가지고 이야기하는 것을 힘들어 했다. 그래서 우선 내가 대신해서 예진이의 생각을 말로 풀어 주었다. 그리고 예진이에게 단어를 풀어 놓은 예진이의 생각을 원고지에 적게 했다. 그 내용을 글로 써서 학교에 제출했는데 전국학생 글짓기 대회에서 우수상을 수상해서 고생한 보람이 있었다.

독후감이나 기행문도 마찬가지로 우선 예진이에게 글로 쓸 내용을 생각하게 한 다음 서론, 본론, 결론을 나누어 놓은 칸에 단어를 먼저 적게 했다. 그런 다음에 단어를 말로 풀어 표현해 보도록 했다. 그 과정에서 내가 생각을 조금 정리해 주었고 그리고 예진이에게 글을 쓰게 했다. 이러한 방법을 통해 어휘가 부족하고 책을 읽지 않아 글을 접하지 못한 아이라 하더라도 글을 혼자서도 쓸 수 있다는 것을 알게 되었다. 나의 도움도 있었지만 이후 책 읽기를 싫어하는 수동적인 예진이가 글을 쓰는 것에 부담을 덜 가지게 된 일이 되었다. 또한 나에게도 예진이

의 글쓰기 숙제가 크게 힘들지 않게 되었다.

어느 수필 작가는 아이가 일기를 잘 쓰기를 바란다면 잘 쓰인 일기를 보여주라고 했다. 모든 글은 모방에서 시작한다고 주장하던 작가의 말이 생각난다. 아이가 글을 쓰는 두려움이 없어졌다고 해서 글을 잘 쓰는 것이 아니기 때문에 다른 사람이 쓴 기행문이나 독후감을 예진이에게 많이 보여주었다. 그 방법은 예진이의 표현력을 한층 나아지게 하는 방법이 되었다.

모든 아이들의 생각이 순수하고 재미있겠지만 아이를 키우며 느끼는 즐거움 중 하나는 아이의 생각을 듣는 일이다. 예진이는 글쓰기 숙제를 받아오게 되면 자신의 생각을 표현하려고 애를 썼다. 그 모습은 학교에서 있었던 주변 이야기를 할 때와 사뭇 다르게 진지한 모습이었다. 그리고 예진이의 생각은 늘 내가 예상한 것보다 독특하고 재미있었다.

내가 즐거워하는 모습을 보고 나면 예진이는 자신의 생각을 표현하는 것에 재미를 느끼고 나아가 자신감까지 생기는 것 같았다. 그리고 자신의 생각을 글로 쓰는 부담에서 점차 벗어났다.

아이를 키우는 동안 칭찬을 많이 해 주어 자신감을 키워 주라고 한다. 하지만 나는 이유 없는 칭찬은 별로 도움이 되지 않는다고 생각한다. 그것은 자칫 아이의 버릇이 나빠지게 할 우려가 있다. 하지만 예진이의 생각을 존중하여 일상에 적극 반영하면 어떤 칭찬보다 자신감을 키우는 데 효과적이었다. 특히 글쓰기 숙제를 할 때 예진이의 생각이나 표현은 완벽하지 않았다. 나는 부드럽게 수정하는 정도로 교정을 한 다음 그대로 글로 쓰도록 했다. 그 과정에서 예진이는 표현하는 것에 대한 두려움이 점차 줄었으며 더불어 글쓰기 대회에서 여러 번 상을 받아 왔다. 그 이유가 글 쓰는 방법을 알게 된 것도 있겠지만 예진이의 생각을 말하도록 한 것이 중요했다고 생각한다.

글쓰기 요령

서론 – 소재를 선정하게 된 동기

기행문의 경우 다녀오게 된 경위

독후감의 경우 책 선정의 이유

본론 – 본론적인 내용

소재의 소개

기행문에서 다녀오게 된 곳의 전반적인 소개

책의 내용

결론 – 자신의 생각

소재를 통해 자신의 생각을 표현하여 주제를 말함

책을 읽고 자신이 느낀 점

기행문의 경우 다녀온 후의 느낌

방법

1) 종이에 서론 본론 결론으로 칸을 나누어 아이에게 생각나는 단어를 적게 한다.

2) 적어 놓은 단어를 가지고 하고자 하는 아이의 생각을 말로 하도록 한다.

3) 결론은 독특한 자신의 생각을 말하도록 한다. 예를 들어 엄마가 설명해 준다.

4) 글을 쓸 때 다른 사람의 글을 보고 글의 표현을 배우게 한다.

포스트잇
학습법

　　　　　예진이가 고등학생이 되고 나자 성적이 좋지 못한 것에 대한 나의 불안감은 커져만 갔다. 대학 입시가 눈앞으로 다가왔다는 점에서 중학교 때와는 점수에 대한 불안함이 사뭇 달랐다.

　예진이의 바쁜 시간을 관리해 주거나 피곤해 하는 예진이에게 도움을 주기 위해 마음을 쓰면서 불안한 마음을 이기려고 했다. 그런 나에게 가장 힘들었던 일은 시험 기간 중에 자신도 모르게 잠드는 예진이 곁에서 잠들지 못하도록 하는 것이었다. 나도 잠을 쫓기가 쉽지 않아 낮잠으로 보충을 했고 예진이도 쉬는 시간에 잠을 자도록 했다. 공부를 잘하는 학생들이 학교 점심시간이나 쉬는 시간에 잠깐씩 쪽잠을 자는 것으로 부족한 잠을 보충한다고 알려져 있었기 때문이었다. 하지만 예

진이는 쪽잠을 자더라도 시험 기간에 졸기 일쑤여서 곁에 있어 주어야
했다. 예진이에게 '너를 감시하기 위해'라는 말은 할 수 없었기 때문에
예진이가 틀린 문제를 참고서에서 찾아 주면서 시간을 보냈다.

    늦은 밤 예진이 곁에서 틀린 문제를 찾아 놓은 것 중 암기할 내용이
나 수식이 복잡한 수학 문제를 예진이의 눈에 띄도록 붙여 두기 시작했
다. 그러다 보니 좀 더 많은 내용을 붙여 놓으면 예진이에게 도움이 될
것 같아 집안일을 마치면 창가에 쌓여 있는 참고서를 읽었다. 교과서는
학교에 예진이가 가지고 갔기 때문에 참고서에서 예진이가 틀리기 쉽
거나 암기할 내용을 찾아서 종이에 적어 붙였다.

    예진이는 중학교에 다닐 때 교과서에서 복잡하고 암기할 내용이 많
은 페이지를 접어 두고 수시로 확인하며 보았다. 집중을 하지 않고 눈
으로만 보면서 많은 시간을 투자하지 않아도 암기가 되었으며 비교적
오래 기억되는 방법이었다.

    그래서 복잡한 수학공식이나 문제 풀이를 화장실 문에 겹겹이 붙여
두어 예진이가 볼일을 보면서도 눈으로 자주 확인할 수 있게 했다. 언
어영역은 작품과 작가를 묻는 문제에서 자주 틀렸다. 예진이가 작가와
작품을 혼동하기 때문에 작가와 작품을 같은 색으로 표시하여 눈으로
구분하여 기억을 돕고자 했다. 탐구영역은 예진이가 혼동은 하지 않았
지만 암기할 내용이 많기 때문에 주로 도표로 작성하여 예진이의 침대
위에 붙여 두었다. 그리고 예진이의 시간표와 공부할 내용이 적힌 스케

줄 표는 텔레비전 옆 벽에 붙여 두어 마음이 풀어지지 않도록 했다. 그
랬더니 시간표를 보며 불안한 내 마음을 없애 주는 데 도움이 되었다.

그렇게 붙여 놓은 종이의 색이 변할 때가 되면 아이에게 암기한 것을
확인하고 다른 내용으로 교체했다. 붙여 놓았던 종이를 버리지 않고 모
아 놓고 보니 그 양이 적지 않았다. 그리고 최종적으로 확인을 해 보면
눈으로만 공부한 것이더라도 암기한 양이 상당히 많다는 것을 알게 되
었다.

어느날부터인가 예진이방 침대 옆에, 옷장 앞에까지 공부 내용이 적
힌 노란색 포스트잇이 아슬아슬하게 붙기 시작했다. 처음에는 내가 예
진이를 위해 붙여 두었지만 나중에는 예진이가 스스로 추가해서 벽에
붙여 둔 것을 보고 예진이에게 도움이 되었다는 것을 알게 되었다. 그
러면서 집안이 온통 포스트잇으로 도배가 되다시피 했다.

"두 가지 생각이 들어요. 집에 돌아와서 여기 저기 공부 내용이 적혀
있으면 처음에는 보기도 싫다는 마음이 들고요. 그러다가 눈에 들어오
는 공부 내용을 보면서 '그래도 내가 공부를 해야 하는구나'라는 생각
이 들어 내용을 눈으로 익히죠."

예진이가 집안에 붙어 있는 포스트잇을 보고 한 말이었다. 집안에 예
진이의 공부 내용을 붙여 놓으면 도움이 되는 것은 분명한 것 같다.

중간고사를 마치고 피로가 쌓여 있던 아이가 학교에서 돌아와 엄청
난 이야기를 했다.

“엄마, 2교시 끝나고 쉬는 시간에 잠이 들었는데 깨어나서 보니 점심 시간이었어요.”

“그럼 3, 4교시는 어떻게 했어?”

“몰라 아이들이 그러는데 코까지 골며 잤대요. 그런데 선생님이 그냥 두라고 하셨나 봐요. 창피해서 혼났어요.”

선생님께서 이해해 주셨다니 참 다행이란 생각이 들었다.

“그런데 엄마, 그 말을 들으니 선생님도 우리가 힘든 거 이해해 주신 거 같았어요.”

그 말을 듣고는 예진이의 건강에 도움이 될 만한 약을 찾아 먹여 보았다. 주변에서 공부로 힘들어 하는 아이를 위해 한약과 영양제 등 여러 가지 건강보조제를 먹였는데 나는 홍삼을 6년 정도 먹였다. 그것이 아이의 몸에 도움이 되었는지 확인할 수 없었지만 먹이지 않을 때보다는 조금 덜 힘들어 하는 것 같았다.

그런 노력에도 불구하고 스트레스에 시달리는 예진이를 보는 일은 힘들었다. 솜털이 가득한 이마며 미간에 어느새 내천 자가 선명하게 그어져 있는 아이를 보는 일이 그랬다. 뿐만 아니라 심할 때는 먹지도 못하고 억지로 먹더라도 소화를 못시키는 일이 점점 많아졌고 감기는 늘 달고 살았다. 하지만 그 모습만큼 아이가 노력하는 증거라는 것을 수능이 끝나고 나서 알게 되었다.

학교 모의고사에서 모든 과목 1, 2등급을 받았던 예진이의 괴물 친구는 수능을 정말 잘 보지 못했다.

"수능 점수가 자신이 받아 본 가장 낮은 점수였대요. 친구 말이 수능을 너무 쉽게 생각한 것이 좋지 않은 점수를 받은 원인이었던 거 같대요."

예진이의 말처럼 3년 동안 거의 모든 과목의 점수를 잘 받았다하더라도 수능을 못 볼 수 있다는 것을 그때 처음 알았고, 의외로 수능을 못 본 아이의 경우 평소에 성적이 좋은 아이들이 많았다. 그러나 예진이는 수능 점수가 3년 동안 받아 본 점수 중에 가장 높은 점수였다. 시험을 쉽게 생각하는 마음보다 잘해야 한다는 스트레스가 예진이를 신중하게 만들며 그로 인해 마지막까지 집중할 수 있게 해 준 것이다. 그래서 아이가 공부로 인해 스트레스를 받아 힘들어 해도 너무 걱정하지 않아도 된다고 생각한다. 적당한 스트레스가 공부에 도움이 되기 때문이다.

예진이가 대학에 입학을 하고 나서도 한동안 집안 정리를 할 수 없었다. 예진이의 방에 불이라도 켜 있으면 내가 잠을 자도 되는지 순간 갈등하지 않게 된 것도 꽤 시간이 흐른 뒤였다. 그런 나를 보며 수험생을 둔 엄마로서의 중압감을 되새기고는 쓸쓸히 웃었다.

포스트잇 활용법

자기 계발에 열심인 것으로 알려진 개그우먼 조혜련 씨도 일본어를 공부했다. 바빠서 짬내기 힘든 사람에게는 포스트잇을 활용한 공부법이 유용하다.

예체능 과목은
학원에 보내는 것도 괜찮다

아파트 옥상에 올라가서 2단 줄넘기 연습을 하던 때가 있었다. 중학교 1학년 기말 체육 시험이 1분에 2단 줄넘기 30번이었기 때문이었다. 예진이로부터 시험 내용을 듣고 처음에는 선생님 말씀을 예진이가 착각한다고 생각하여 제대로 듣고 오지 못하고 엉뚱한 소릴 한다고 다그쳤었다.

"10분이겠지. 그리고 30번을 어떻게 연속으로 하니?"

"아냐 엄마, 선생님이 직접 우리 앞에서 시범을 보여주셨어요. 그리고 친구 수연이도 잘하던데요."

나는 처음에는 믿지 못했지만 예진이가 보았다며 두 눈을 알사탕으로 만들어서 마지못해 인정은 했으나, 내가 2단 줄넘기를 한 번도 성공한 적이 없기 때문에 엄마를 닮지 않았으면 하는 바람으로 물어보았다.

"그럼 너는 몇 번을 할 수 있니?"

"어떨 때 한 번은 해요."

그래서 수습할 수 없는 난국을 맞게 되었다. 하지만 연습을 하면 가능하기 때문에 선생님이 시험을 보신다는 생각이 들었다. 그래서 나는 예진이를 데리고 아파트 옥상에서 줄넘기 연습을 하게 되었다. 학교 운동장에서 연습을 하고 싶었으나 다른 사람들 눈에는 나의 모습이나 예진이의 모습이 우스울 것 같아서 옥상을 선택했다.

다행스럽게도 우리 집은 맨 꼭대기 층이었다. 그래서 소음을 일으켜 다른 사람에게 불편을 주지 않을 것 같았다. 하지만 사람이 다니지 않는 곳이라 냄새도 나고 곰팡이도 여기저기 거무튀튀하게 피어나서 나의 참담함을 더욱 또렷이 만들어 주는 곳이었다.

2단 줄넘기를 할 수 없는 내가 연습을 시키려니 난감했다. 연습을 시키는 사람이나 시험을 볼 당사자나 한 번을 제대로 못했다. 그래서 나름대로 요령을 터득했는데 줄을 빨리 돌리며 몸을 새우등처럼 구부리는 것이었다. 그러나 시범을 보여주던 내가 예진이 앞에서 넘어지고 나자 화도 나고 답답했다. 나중에는 예진이가 누굴 닮아 운동감각이 없냐는 남편의 말에 내가 짜증을 내다가 부부싸움으로 번진 웃지 못할 사건도 있었다.

다음날 학교에서 돌아온 예진이가 친구 몇 명이 체육학원에 가서 그룹으로 과외를 받자고 제의를 해 왔다고 신이 난 얼굴로 말했다. 나는 처지를 비관하며 아이를 체육학원에 보내게 되었다. 그런데 아이가 방과 후 일주일 정도 다니더니 몰라보게 실력이 향상되어 연속으로 1분에 2단 줄넘기를 10회 이상 하는 것이었다. 그런 일이 있은 후 나는 예진이에게 방학을 이용하여 음악에서 단소와 미술에서 수채화를 더 배우게 했다.

다른 일반 과목은 열심히 공부하면 되었지만 예체능 과목은 그야말로 재능이 없으면 되지 않는 일이었다. 그러나 재능이 없다고 하여도 학원에서 방법을 익히면 도움이 되는 것을 알게 되었다. 그래서 체육학원에 꾸준히 다니게 하고 음악학원과 미술학원도 방학을 이용하여 다니게 했다.

예체능 과목을 배우기 위해 학원에 보내는 것은 예진이에게 방법을 알려주기 위해서였다. 2단 줄넘기는 발가락 앞부분을 하늘 쪽으로 세워서 하는 것으로 방법을 익히게 되었다. 예진이는 예체능 과목을 잘하게 되더니 무척 즐거워했다. 가끔 시간을 내어 단소도 불었고 곰 인형을 수채화로 그려 식탁 유리 밑에 두었다. 운동장에 나가 배구도 할 수 있게 되자 바쁜 가운데 즐거움을 찾는 것 같았다. 그런 모습을 보며 선생님께서 줄넘기로 시험을 보게 해 주신 것에 감사한 마음까지 들었다.

재능이 없기 때문에 많은 시간을 투자할 필요는 없었다. 방학 동안 학원에서 익히는 것으로도 예진이가 즐길 수 있는 수준이 되었다. 그후 단소 불기, 목판화 만들기, 농구공 골대에 20개 넣기, 배구 토스 1분에 60개 하기 등의 시험을 가볍게 준비할 수 있었다. 또 중학교에서 예체능 과목의 실습을 익혀 두었더니 고등학교에 가서도 같은 시험을 보게 될 때 비교적 큰 어려움 없이 따라가게 되었다.

예체능에 자질이 없는 아이라면 중학교 때 방학을 이용하여 학원에 다녀두면 고등학교 때 내신 점수에 도움을 받을 수 있다. 고등학교에서도 같은 실기 시험을 보게 되는데 중학교 때 학원에 다니지 않았다면 무척 힘들 것이다.

며칠 전 장맛비가 내리고 나니 유독 풀내음이 싱그러웠다. 그래서 집 근처 성내천으로 운동을 나간 적이 있었다. 예진이가 요즘 체중이 부쩍 늘었다며 줄넘기를 가지고 갔는데 중학교 때 아파트 옥상에서의 헤프닝이 생각나서 예진이와 함께 실컷 웃었다.

"정말 그땐 엄마가 너무 이상했어요. 나보고 새우등을 만들라고 소리 지르는데, 안 되는 것을 시키더니 그냥 화를 내고 내려간 것 기억 나요?"

"그때 몸이 안 좋아서 그랬어."

"엄마가 시범을 보여야 따라하지요. 그냥 빨리 돌리라고만 하다가 새우처럼 몸을 구부려서 하라고 하다가 그냥 휙하고 내려갔어요. 그나마 친구들이 날 살렸어요."

"지금도 할 수 있니?"

예진이는 중학생 때를 떠올리며 무거워진 몸으로도 2단 줄넘기를 무려 5회 연속으로 보여주었다. 그때를 생각하면 요즘에는 엄마가 만능이어야 한다는 생각이 들었다. 하지만 모든 것을 잘 할 수 없으니 예체능 정도는 사교육 기관을 잘 이용하는 것도 현명한 방법일 것이다.

4장

산만한 아이만을 위한 입시 체크포인트

아이의 재능을
살리는 교육

요즘은 초등학교에 다닐 때부터
아이 공부를 어떻게 시켜야 될지 고민하는 엄마들이 많다. 아이가 자신
의 인생을 어떻게 설계해 나갈지 결정하고 준비하는 기간이 초등학교
때부터라는 인식이 깔려 있기 때문이다. 그러나 이런 마음과 달리, 대
부분의 엄마들은 무엇을 어떻게 준비해야 할지 몰라 두서없이 이것저
것 준비하는데 나도 마찬가지였다. 당시 나는 초등학생 예진이의 성적
을 보며 갈팡질팡하거나 주변에서 성적 좋은 아이가 다닌다는 학원 문
앞을 기웃거리다 지쳐 특징 없는 교육을 했다.

그러던 중 한 가지 교과목만 열심히 공부시켜 아이를 원하는 곳에 보
낸 엄마를 보았다. 그 아이는 영어만 공부해서 대원외국어고등학교에
입학했다. 외고는 중학교 내신 성적이 반영되는데, 영어만 공부한 아이

가 어떻게 입학할 수 있었는지가 궁금했다. 아이 엄마는 영어를 좋아하던 아이에게 영어만 집중적으로 공부하게 했더니 다른 과목도 무리 없이 따라와 주었다고 했다. 더욱 놀라운 것은 다른 과목은 학원에 다닌 적이 없다는 것이다. 그 말을 듣는 순간 '이럴 수가! 진작 알았다면 나도 해 봤을 텐데'라는 부러움이 밀려오며, 그 엄마의 느긋함이 대단해 보였다. 매 학년, 학기마다 보는 시험 점수를 초월해야 가능한 대범함이 아닌가.

이런 아이가 몇이나 될까 싶지만 주변을 돌아보면 의외로 학과목에 대한 자신의 성향을 살려서 대학에 입학하는 학생들이 많다. 그런 경우는 대개 엄마들이 초등학교 때부터 아이가 좋아하는 과목을 관찰하여 특기로 삼아 준 경우이다. 예진이 주변에도 그런 친구들이 많았다.

어려서 한문경시대회에서 나가 상을 받아 오던 충현이는 대학에서 매년 개최하는 한자경시대회에 출전하여 상을 받았고 경희대학교 한자경시대회에서는 대상을 받았다. 충현이는 이런 성향을 계속 살렸고 결국, 서울대 특기자 전형으로 선발되었다.

하정이도 마찬가지였다. 어릴 때부터 러시아어 공부를 했는데 주변에서 러시아어를 공부하는 학생이 없다 보니 연세대학교 러시아어 특기자 전형에 비교적 수월하게 합격했다.

과학 공부를 열심히 한 현우는 대학에서 열리는 과학반에 방학마다 참가하여 많은 실험을 하고 이런 실전 경험을 바탕으로 과학경시대회에서 좋은 성적을 받아 카이스트에 수석 입학했다.

　방학마다 봉사활동을 한 우림이는 1,800시간이 넘는 봉사시간으로 가산점을 받아 대학에 입학한 경우이다. 우림이네는 방학이면 가족이 휴가를 내어 함께 양로원과 어려운 아이를 찾아다니며 봉사한 것으로 유명했다. 처음에는 학교에서 학기당 8시간의 봉사시간을 채우려고 한 일이 계기가 되어 방학마다 봉사했다고 한다.

　이런 아이들은 처음에 한 분야에서만 두각을 나타냈는데 시간이 흐르면서 다른 과목까지 잘하는 모습을 보였다. 더욱 놀라운 점은 진로가 어렸을 때부터 정해졌기 때문에 아이들이 힘든 과정을 잘 이겨 나가는 모습이었다.

　만약 아이가 어릴 때 이런 특성을 발견하고 정해 주고 싶지만 나처럼 준비되지 않은 분이라면, 여러 기관에서 운영하는 아이들을 위한 다양한 프로그램을 활용하길 권한다. 이런 프로그램을 활용해 내 아이의 특성을 찾아 교육 방향을 일관되게 세우고 미리 준비하는 것도 좋다.

　아이를 다 키우고 이제와 돌아보니 나는 초등학교나 중학교 시험 점수가 아이에게 큰 의미가 없는데도 시험을 볼 때면 예민하게 받아들이고 행동했었다. 실제로 이 시기의 성적은 대입에 큰 영향을 미치지 않는다. 중요한 것은 아이의 성적보다는 아이가 무엇에 관심이 있고 지속적으로 공부할 수 있는지를 함께 알아가는 것이다.

진로 상담 및 관련 프로그램 알아보는 곳

한국청소년 캠프협회(www.icamp.or.kr)다양한 캠프 정보를 접할 수 있어 방학동안 진로 적성을 체험할 수 있다.

선행학습의 이모저모

선행학습에 대하여 처음에는 부정적으로 생각했다. 학교에서 배워야 하는 내용을 미리 준비한다는 점 때문이다. 선행학습으로 미리 교과서를 배워 오면 그렇지 못한 아이들과의 격차가 생기게 되어 학교수업을 방해한다는 생각을 가지고 있었기 때문이었다. 하지만 고등학교 과정을 마치고 나의 생각이 틀렸다는 것을 알았다. 지금 아이들의 선행학습은 시간이 부족하기 때문에 미리 배우는 차원이다. 그 이유는 고등학교에 입학하면서부터 모의고사와 학교 내신 시험을 대략 2개월 간격으로 보기 때문이다. 그 기간에 교과목을 이해하고 충분히 응용하기에는 시간이 부족하다. 그래서 대부분의 아이들이 고등학교 입학 전에 주요 과목을 미리 준비하고 있는 실정이다.

주로 영어는 문법과 단어공부를 하고, 수학은 고등학교 1학년 과정
인 '수학 10 가·나'를 공부했다. 그리고 좀 더 빠른 아이들은《수학의
정석》을 두 번씩 공부한 경우도 있었다. 예진이도 인터넷으로 같은 과
목과 범위를 공부했다.

그러나 고등학교 입학식의 분위기가 채 사라지기도 전이라 같은 반
아이들의 이름을 다 외우지도 못한 시기에 시행되는 3월 전국모의고사
는 예진이뿐만 아니라 나도 당황스럽게 만들었다. 1학년 모의고사 성
적은 시험을 통하여 자신이 공부해야 하는 방향이나 전반적인 자기 실
력을 평가하는 수준이라고 하지만 그것이 주는 부담감은 매우 컸다. 시
험 또한 중학교 전 과정의 평가라고 하기에는 난이도가 높은 편이었고
응용 문제의 수준도 매우 높은 편이었다. 또한 수능의 대비라는 점에서
점수에 대한 부담은 매우 컸다.

3월의 전국모의고사는 중학교 과정을 평가하는 것이다. 그러나 중학
교 3년 동안 학교 성적이 우수했던 예진이는 통합적인 응용 문제가 나
온 시험에서 낮은 성적을 받았다.

고등학교 모의고사는 전반적인 내용을 묻는 응용 문제가 많이 출제
된다. 예진이는 중학교 3학년부터 인터넷으로 고등학교 교과목을 선행
학습했다. 예습을 하는 생각으로 공부했는데 고등학교 공부에 도움이
되지 않았다. 예진이가 학과목에 대한 이해가 확실히 이루어지지 않은
상태였기 때문에 모의고사에서 틀린 부분에 대한 파악조차 못했다. 또
한 함께 공부를 도와준 나도 문제를 파악하지 못했다. 그래서 다음 모

의고사를 위해 예진이에게 전년도 모의고사 기출 문제집을 구하여 풀어 보게 했다. 하지만 고등학교 교과목의 학습이 충분히 이루어진 상태가 아니었기 때문에 모의고사 기출 문제를 풀어도 다음 모의고사는 잘보지 못하는 결과가 나왔다.

다른 아이들은 학원에서 모의고사 공부를 따로 준비했다. 그래서인지 중학교 때 예진이와 비슷한 점수를 받았던 아이들이 모의고사에서 높은 성적을 받았다. 예진이는 특성상 교과목의 학습이 먼저 이루어져야 했다. 그러니 모의고사를 준비하기에는 시간이 턱없이 부족했다. 이제까지의 경험으로 보더라도 예진이가 교과서를 제대로 파악하지 않은 상태로 문제를 풀면 이해를 하지 못했기 때문에 문제풀이를 암기하는 방법을 썼다. 이런 문제를 극복하고 수능을 준비하기 위해서라도 반드시 교과서를 충분히 익혀야 했다. 결국 고등학교 1학년 내내 모의고사 성적은 높지 않았고 2, 3학년이 되어서도 성적이 크게 나아지지 않았다.

그런데 2학년이 되고 나니 사교육을 받으며 모의고사를 준비했던 아이들도 성적이 오르질 않기 시작했고, 3학년이 되어서는 시험 성적이 높던 아이들이 예진이보다 성적이 떨어지는 경우가 종종 생겼다. 교과서를 충분히 익히지 않은 상태로 모의고사를 준비하거나 학교 내신을 준비하는 것이 예진이 뿐 아니라 다른 아이들에게도 무리한 방법임을 알게 되었다. 단기적인 안목으로 성적을 위한 공부를 하게 되면 결과가 좋지 않다는 생각이 들었다.

이런 일련의 경험을 보아 선행학습은 방향이나 시기가 매우 중요했다. 나의 경우 예진이의 상태를 고려하여 시기를 늦추었는데 그 결과 예진이가 고등학교 과정에서 매우 바쁘고 어려운 시간을 보내게 되었다. 예진이가 힘들어 하여도 조금 일찍 시작했다면 도움이 되었을 것이라 생각한다.

선행학습의 방향을 정할 때는 예습보다 완전한 학습이 이루어진 상태가 되어야 고등학교 공부에 도움이 된다. 처음에 나는 예진이가 예습을 하고 고등학교에 다니며 선생님과 학습을 하면 문제가 없을 것이라는 생각을 했다. 하지만 고등학교에 올라오면 학습을 할 시간이 많이 부족했다.

나는 학부모의 입장으로서 최소한 고등학교 1학년 때 보는 모의고사만이라도 줄여서 실시하면 좋겠다는 바람이 있다. 아이가 시험 준비에 시간을 많이 투자하기 때문에 정작 부족한 과목의 학습을 하지 못하는 원인이 되기 때문이다.

연간 4회 전국모의고사를 시행하고 중간에 중간고사와 기말고사를 보게 되면 2개월에 한번 꼴로 시험을 보는 것이다. 그렇기 때문에 아이들이 교과목을 이해하기 전에 모의고사를 보며 대학에 반영되는 내신 시험을 본다.

교육에 대한 사회 전반적인 문제를 비싼 사교육에 연결하고 있지만 너무 많이 보는 시험은 지식기반 시대에 필요한 자기주도적 학습 능력을 오히려 낮추는 원인이라고 생각한다.

선행학습 과목

1. 영어는 단어와 문법을 따로 자세히 공부해야 한다. 학교 수업으로는 시간이 부족하다.

2. 수학은 고등학교 '수리10 가 · 나'를 모두 풀어 보고 이과의 경우엔 '수리 1 · 2 미적과 확률'을 모두 풀어야 한다. 학기 중에는 난이도를 높여 문제풀이를 하여야 한다.

3. 언어영역은 아이들과 학기 중에 공부하여도 문제는 없다. 아이가 언어영역을 어려워하더라도 학기 중에라도 인터넷 수업을 병행하여 들으면 무리가 없다고 생각한다.

4. 탐구영역은 조금 느긋하게 공부하고 학기 중에 공부하여도 무리가 없다. 외국어영역과 수리영역을 모두 마치고도 시간이 남는다면 언어영역을 하고 탐구영역은 학기 중에 풀어도 무리가 없다.

월	고등학교 1학년/2학년	고등학교 3학년
3월	10일 수요일 서울특별시 교육청 주관	10일 수요일 서울특별시 교육청 주관
4월		13일 화요일 경기도 교육청 주관
6월	16일 수요일 부산광역시 교육청 주관	10일 목요일 대수능모의평가
7월		8일 목요일 인천광역시 교육청 주관

9월	16일 목요일 인천광역시 교육청 주관	2일 목요일 대수능모의평가
10월		14일 목요일 서울특별시 교육청 주관
11월	23일 화요일 경기도 교육청 주관	18일 목요일 대학수능능력시험

*2011년 일정(2012학년도 수능 대비)은 아직 미정.

위의 시간표는 전국 모의고사 일정만 표시한 것이기 때문에 학교에서 실시되고 있는 중간고사와 기말고사를 연간 4회 추가하게 되면 아이의 일정을 알 수 있다.

방학!
한 학년을 보완하자

엄마선생님이었던 내가 예진이와 보낸 시간을 되돌아보면, 반성할 일이 몇 가지 있다. 선행학습의 늦은 출발, 수학 교과서의 중요성의 늦은 발견, 문제집의 선택 등이 그렇다. 그러나 그보다 앞서 엄마로서 아이 공부에 도움이 되지 못했다고 생각한다. 학기 중에 학교 수업을 복습하고 숙제를 하면서 보냈지만 예진이가 무척 힘들어 했다. 그래서 집에 도착하기가 무섭게 잠이 든 예진이를 깨우지 못하는 날이 많았다. 예진이 곁에서 두 눈을 부릅뜨고 관리를 한다고 마음을 먹어도 물에 젖은 솜과 같은 예진이를 깨워 공부시키는 것이 쉽지 않았다.

그렇게 학기 중에는 계획대로 공부가 이루어지질 않았는데 아무래도 엄마의 본능이 선생님의 본능보다 앞서는 것 같았다. 그나마 지금의 예진이가 될 수 있었던 것은 방학을 잘 보냈기 때문이라고 생각한다. 방학은 혼자 공부하는 예진이의 학교 공부를 도와주는 것은 물론이고 부족한 과목을 보충할 수 있는 시간이 되어 주었다.

한 여름 무더위에 지치거나 겨울의 날카로운 추위에 몸이 얼게 되면 방학이 어김없이 찾아온다. 학기 중에 입었던 교복을 벗고 먼지에 찌든 가방을 빨고 달아 버린 필기도구들이 누렇게 변해 있었다. 방학식이라 일찍 학교를 마친 예진이가 집에 들어서면 피자로 위로해 주고, 웃는 예진이의 얼굴에 다시 내가 위로를 받았다. 그런 후 우리는 방학을 준비했는데 예진이와 보낸 12년 가운데 중학교 방학을 가장 잘 보냈다는 생각이 든다.

학기 초에 학교에서 나누어 준 학과 진도표를 보며 다음 학기까지 범위를 정하고 방학을 준비했다. 교과서의 내용을 파악하는 정도였는데도 시간이 부족했다. 그래도 목표로 했던 단원까지 공부를 마치도록 빠르게 진행했다.

그랬던 이유는 중학교 1학년 첫 방학의 경험 때문이었다. 한 단원씩 공부하고 시험을 보면서 자세하게 공부했는데 방학 동안 계획한 단원을 다 마칠 수 없어 학기가 시작되고 나서도 나머지 공부를 했다. 그러다 보니 학교 수업 진도와 다른 단원을 공부하게 되었다. 그런데 방학 동안 철저히 공부하더라도 그 내용을 예진이가 기억하지 못했기 때문에 학교 수업에도 도움을 주지 못했다. 그런 시행착오를 겪으며 방학 동안 계획한 내용을 빠르게 진행해서 쭉 훑어 대강의 내용을 인지하는 것이 오히려 도움이 되는 것을 알게 되었다.

자세하게 공부하지 않더라도 계획한 과정을 마치게 되면 학기 중에 선생님의 수업을 들으며 다시 복습을 할 수 있었다. 그리고 집에서는 같은 단원에 대한 문제풀이를 했다. 이렇게 공부했더니 같은 범위를 여러 번 반복하여 공부하게 되어 성적도 많이 향상되었다. 또한 반복적으로 공부했더니 교과목을 통합적으로 이해하는 능력이 조금씩 늘어갔다.

고등학교 방학에는 중학교 때와 달리 교과서 공부를 하지 않았다. 교과서 공부는 학기 중에 수업을 하며 했고 방학 동안에는 인터넷 강의를 들으며 수능 준비를 했다. 교과서 위주의 내신 준비를 하다 보면 수능을 준비할 시간이 부족했기 때문이었는데 수능 준비강의를 학교 수업 범위와 같은 단원으로 공부할 수 있도록 계획을 잡았다.

외국어영역과 수리영역은 단원별로 난이도를 나누어 인터넷 강의를 수강했는데 학교 수업 진도와 맞추기가 어려웠다. 하지만 언어영역과 탐구영역은 교과서 진도에 맞추어 수강하여도 무리가 없었다. 또한 고등학교 1학년 방학 때는 영역별 기초 강좌를 들었고 학년이 높아지면서는 탐구영역의 이해 정도에 따라 단원별로 난이도를 조절하여 강좌를 수강했다. 인터넷 강의가 단원별로 나뉘어 있었기 때문에 단원을 난이도에 따라 나누어 들을 수 있었다. 그렇기 때문에 방학 동안 공부할 수 있는 3년의 학습계획표를 작성할 수 있었다. 그 결과 학기 중에는 학교 수업을 들으며 내신을 준비했고 방학 동안에 집중적으로 영역별 수능준비를 하게 되었다.

인터넷 강좌를 신청할 때도 반복적으로 강의를 듣게 했는데 한 번에 자세하게 공부하는 것보다 여러 번 공부하는 것이 예진이에게 도움이 된다는 것을 중학교 방학 때 경험했기 때문이었다.

햇살을 잘 받고 자란 벼 이삭처럼 예진이도 방학을 잘 보내고 나면 부쩍 자란 느낌이 들었다. 학기 중에는 힘들어 하는 예진이를 보며 엄마로서 마음이 흔들렸지만 대신 방학 동안에는 스파르타식으로 철저히 공부하도록 자극했다. 하지만 방학을 잘 보낼 수 없게 만드는 것이 바로 졸음이었다. 그래서 예진이를 조금 일찍 깨워서 집 근처에서 운동을 하고 난 후 공부를 시작하도록 했다. 아침잠이 부족하여 의자에 앉혀 놓아도 졸던 예진이에게 운동은 큰 도움이 되었다.

잠을 쫓고 공부에 집중할 수 있게 하는 또 다른 방법으로는 쉬는 시간을 철저히 지키도록 하는 것이었다. 쉬는 시간은 30분을 주고 점심과 저녁의 식사 시간은 2시간으로 정했다. 그 동안 아이가 쪽잠을 자게 하여 피로를 풀게 했다. 인터넷 강좌는 예진이가 공부하지 않아도 수업이 진행된다. 그렇기 때문에 쉬는 시간 없이 수강을 하게 되면 집중할 수 없는데도 예진이는 졸음을 조절하지 못하고 강좌를 켜 놓은 채 잠이 들곤 했다. 그럴 때마다 깨워 주지만 늘 예진이 옆에서 지켜볼 수는 없었다. 그래서 예진이가 수업을 듣고 나면 시험을 보는 대신 강좌 내용을 물어 간단히 확인했는데 매번 시험을 보게 되면 계획한 강좌를 다 들을 수가 없기 때문이었다.

　어느 정도 방학의 분위기가 있어야 하기 때문에 토요일에는 오전만 공부하고 일요일에는 푹 쉬게 하여 스트레스를 풀도록 했다. 예진이가 원하면 외출을 하거나 먹고 싶어 하는 음식을 경제적인 여유가 허락하는 한 먹게 하고 학기 중에 하고 싶어 했던 목록을 지워나갈 수 있는 기회도 허락했다. 친구들과 스티커 사진을 찍고 영화 보고 명동으로 구경을 가는 일 등이었다. 물론 예진이는 여유가 너무 야박하다고 계속 투덜대었지만 엄마도 별 수가 없다는 것을 알았을 것이다.

　방학을 마치면 나는 시원했는데 예진이는 섭섭한 마음이 들었다고 했다. 예진이와 방학을 집에서 보낸 시간은 나에게 쉬운 일이 아니었다. 방학 동안 예진이가 바른 자세로 정확한 시간에 학습의 진도를 잘 나간 것이 절대로 아니었다. 수시로 예진이에게 바르게 앉아 수강하도록 타이르고 조는지 확인하고, 노트 필기를 몰래 훔쳐보고, 중간 중간 내용을 물어 잘 이해했는지 확인하고, 쉬는 시간을 알려주고, 그래도 짜증낼 때는 음식으로 달래 주는 무진장 힘든 도를 닦는 시간이었다.

　그러나 예진이가 몸을 꽈배기 모양으로 비틀며 공부해도 많은 양을 수강한 보람은 다음 학기에 그 흔적이 결과로 나타났는데, 학습하는 태도나 교과서의 이해력이 향상되기 때문에 중요한 시기인 것만은 틀림이 없었다. 또한 방학은 일정 기간 예진이에게 맞추어진 교육 프로그램을 공부하는 과정이었다. 과정을 마치게 되면 예진이는 학습하는 것에 대한 자신감이 생겨 부쩍 성장한 느낌이 들었다. 계획성 있는 자기관리를 눈으로 확인할 수 있는 기간이 될 수 있어 혼자서 공부하는 아이에게는 매우 중요한 과정이라고 생각한다.

예진이처럼 보통의 산만한 아이가 혼자 공부할 경우 방학을 잘 보내도록 해야 한다. 방학의 강도 높은 수업을 스스로 보내고 나면 아이의 학습능력이 한 단계 높아지는 계기가 되기 때문이다.

산만한 아이의 방학선행 학습

1. 중학교 방학

  * 학기 중 수업을 잘 따를 수 있도록 교과서를 한 번 훑어본다. 한번 본 것이기 때문에 이해도가 높아져 수없에 집중할 수 있게 된다.

  * 굳이 자세히 짚어가며 공부하지 않아도 된다.

  * 학기 중에 수업과 문제풀이를 병행하면 복습효과가 높아진다.

2. 고등학교 방학

  * 학기 중에는 내신 준비를 방학 중에는 수능 준비를 한다.

  * 방학 중에는 인터넷 강좌로 수능 준비를 한다. 인터넷 강의는 단원별, 난이도별로 들을 수 있다.

  * 인터넷 강좌도 반복적으로 듣게 해 복습효과를 높이도록 한다.

예진이는 수학을 못하는 아이였다. 그럼에도 불구하고 이과를 지원한 것은 생물을 좋아하기 때문이었다. 영어와 언어를 비교적 수월해 했으니 문과를 지원했다면 좀 더 수월하게 공부를 했을 것 같다. 2학년 중반에는 문과 학생이 보는 '수학 I'로 시험을 보는 것이 낫지 않겠냐고 선생님이 권유하셨을 정도였다. 예진이는 수능에서 '수학 I'로 바꾸지 않았지만 2등급으로 제법 높은 점수를 받았다. 그래서 나는 아이들에게 못하는 과목이란 없고 다만 방법을 모르는 것일 뿐이라는 생각이 들었다.

선생님도 포기하실 뻔한 예진이의 수학은 처음부터 방법에 문제가 있었다. 그것은 교과서를 소홀히 했기 때문이다. 공부를 잘하는 아이들이 대부분 "교과서로만 공부했어요."라고 하면 모두들 믿지 않지만 그것은 거짓이 아니었다.

강남에 살면 다른 아이들이 어떤 참고서로 공부하며 어느 학원에 가는지 알기가 쉽지 않다. 공부 비법을 알려 달라거나 필기한 노트를 보여 달라는 말을 쉽게 할 수 있는 분위기가 아니다. 그래서 예진이가 고등학교에 다닐 무렵에 매주 신문에 나온 '맛있는 공부'라는 칼럼을 자주 찾아 읽었는데, 한번은 경희대 한의학과에 합격한 지방에 사는 여학생의 기사를 읽으며 새삼 놀라운 발견을 하게 되었다. 이 학생은 수학 공부를 할 때 교과서로 개념을 익힌 다음 같은 문제를 찾아 하루에 500문제씩 풀었다고 했다. 그 엄청난 문제풀이는 예진이에게 불가능했지만 교과서를 다시 보게 해 주는 계기가 되었다. 마침 선생님의 권유로 자극을 받은 터라 앞뒤 가릴 처지가 아니었다. 그러고 보니 공부 잘하는 같은 반 아이들이 수학 교과서를 늘 보고 있었다고 했다.

수리영역의 문제를 분석한 EBS의 자료를 보더라도 기본 교과 과정의 문제들이 출제되어 학교 수업을 충실히 듣고 기본 문제집 등을 많이 풀어 본 학생들이 무난하게 풀 수 있도록 되어 있다고 한다. 하지만 단순한 원리와 개념만으로 풀 수 없는 난이도 높은 응용 문제가 많다 보니 자료의 분석을 믿지 않은 것은 사실이었다. 그런데 예진이가 틀리는 문제의 유형을 보면 난이도 높은 응용 문제를 틀리는 것은 그렇다 치더라도 의외로 개념을 묻는 문제와 교과서 예제가 많았다. "아는 문제였는데 실수했어."라는 말은 대부분 그런 경우였다. 그렇게 교과서에 대한 재평가를 하면서 뒤늦게 방법이 잘못되었다는 후회를 했다.

　교과서를 충실히 익히면 문제가 무난히 풀린다는 자료 분석은 맞는 말이었지만 어려운 응용 문제를 틀리면 절대 교과서를 보게 되지 않는다. 응용 문제가 출제된 문제집을 찾아 해결하고 싶은 생각이 먼저 들어 교과서를 소홀히 하게 됐고 결국 원인이 되었다. 그렇게 허점투성이 공부를 했다.

　예진이는 우선 교과서를 숙지하고 기본 개념을 충분히 익힌 다음 예제, 연습 문제, 종합 문제를 풀어보도록 공부의 방법을 수정했다. 그리고 인터넷 강좌도 개념을 파악하는 기본 과정을 다시 듣고 처음부터 다시 출발하는 마음으로 공부했다. 결코 빠르지 않은 2학년 때의 일이다.

　문제집을 풀 때 예진이와 나의 생각이 달랐다. 예진이는 많은 문제집을 풀어야 한다고 했다. 그러나 나는 기본 문제집을 반복적으로 풀어 보고 난 후 다시 새로운 문제집을 풀어 보라고 했다. 예진이는 새로운 응용 문제를 많이 풀어야 시험에 나오는 문제를 풀 수 있다는 주장이었고 나는 한 문제를 풀어도 정확히 알아야 한다는 주장이었다. 그렇게 갈등하다가 많은 문제집 중 같은 유형의 문제를 찾아 풀어 보기로 정했다.

　문제집을 몇 가지 사서 같은 단원의 문제를 연속하여 풀어 보았다. 500문항 가까이 적지 않은 문제를 풀어 보았더니 문제 푸는 속도도 예전보다 빨라졌고 쉬운 문제는 완벽하게 이해하게 되었다.

　여러 가지 문제집을 풀 때 문제의 유형별로 모아 풀어 보면 도움이 되었다. 같은 단원을 반복적으로 풀면 개념을 익히는 데 도움이 되었다.

하지만 난이도가 높은 문제를 풀 때는 그 방법도 크게 도움이 되지 못했다. 그래서 어느 정도 문제를 푸는 방법을 알고 난 후에 한 문제집을 반복적으로 풀어 풀이법을 확실히 익히도록 했다.

결국 문제집을 한 권을 풀어 보든 몇 권을 풀어 보든 한 문제를 두 번이고 세 번이고 다시 생각하고 다양한 풀이 방법을 생각해 보는 습관을 기르는 것이 중요했다. 포스트잇에 문제를 써서 가지고 다니거나 책상에 붙여 두어 수시로 생각해 보는 것도 좋은 방법이 되었다.

예진이의 가장 큰 문제는 아는 문제를 틀리거나 시간이 부족하여 뒷부분에 나오는 문제는 풀지도 못하는 것이었다. 그것은 예진이가 문제를 파악하는 시간이 느리고 한 문제에 너무 많은 시간을 할애하기 때문이었다. 그렇다 보니 뒷부분 문제는 시간이 부족하여 당황하기 때문에 제대로 파악조차 못했다.

그런 예진이가 수학 시험을 보면 어이없는 실수를 자주했는데 수식은 잘 풀어 놓고 산수를 잘못하여 엉뚱한 답으로 푸는 것이다. 그래서 선생님을 찾아가서 반 점이라도 받아 오는 일이 제법 많았다. 예진이의 급한 성격 때문이라고 생각된다.

그래서 나름대로 규칙을 정해 보았다. 시험을 볼 때 문제에 줄을 그으며 읽고 문제에서 제시하는 값을 시험지 옆에 쓰도록 했다. 그리고 문제당 시간을 정하여 풀도록 했다. 30개의 문제가 나온다고 할 경우 시험 시간이 45분이면 한 문제당 1.5분씩 풀어야 하는데 검산을 하는 시간을 빼면 문제당 1분 안에 풀어야 하고 답안지를 검산하는 시간을

15분으로 정했다. 그리고 집에서 문제 푸는 연습을 했다. 타이머를 가져다 놓고 가능하면 1분 안에 풀도록 연습했다. 타이머로 시간을 정하여 푸는 방법은 집중력이 좋아진다는 것을 알게 되었다. 하지만 너무 자주 타이머에 신경 써야 하는 단점이 있어서 30문제가 나오는 문제집을 풀어 보는 연습을 했다. 이런 저런 방법으로 공부를 했지만 모의고사에서 높은 등급을 받지는 못했다.

예진이가 가장 어려워하는 단원이 확률이었는데 시험 문제가 나오면 확률은 틀려도 되니까 아는 문제라도 확실히 푸는 연습을 하도록 여유를 주려고 노력했다. 지금도 예진이는 확률이라면 모르겠다는 말을 한다. 하지만 확률을 모른다고 수학을 다 못하는 것은 아닌 것 같다. 적절한 포기는 오히려 아이를 편하게 도와준다는 생각이 든다.

고등학교를 졸업하고 10년을 공부해서 서울대 법대에 입학한 사람의 이야기를 텔레비전에서 본 적이 있다. 작은 책상에 앉아 자신의 소감을 이야기하는 그 사람을 보며 꿈을 이루기 위해 들인 10년의 세월은 길기는 했지만 그 사람 인생 전체를 두고 봤을 때 꼭 필요한 시간이었고 그 덕분에 원하는 꿈을 이룰 수 있는 시간이라는 생각이 들었다. 그리고 그 사람의 이야기를 예진이에게 해 주었다. 자신이 하고 싶은 일을 하기 위해 들인 10년의 의미를 알려주고 싶었다.

그런 여유를 엄마가 보여주면 아이도 차츰 안정을 찾아간다는 것도 알았다.

수학 공부 이렇게

1. 교과서를 충분히 풀고 교과서에 나오는 예제, 연습문제, 종합문제를 숙달하도록 연습하고 기본 개념을 확립한다. 응용 문제를 풀지 못할 때 교과서로 개념 정리를 확인하는 것이 도움이 된다.

2. 문제집을 풀면서 같은 유형의 문제를 모아 정리해 보고, 다른 풀이법을 찾아 공부한다.

3. 타이머로 문제 푸는 시간을 줄이는 연습을 하여 시험을 볼 때 실수를 줄이도록 한다.

생각보다 어려운
언어영역

　　　　　　　언어영역을 준비하는 예진이에게 도움을 줄 수 있도록 아침이면 신문 사설을 도시락처럼 챙겨 주었지만 언어영역은 내가 생각하기에도 어려운 과목이었다. '놀랍다!'는 말이 언어영역에 딱 맞는 표현이다. 예진이의 모의고사 문제를 보면 교과서 밖의 문제가 출제되기 때문에 쉽지가 않다는 것을 느끼게 된다. 그런 언어영역에 대한 입시 전문기관에 대한 분석 또한 다양하고 복잡하다. 그러나 공부하는 입장에서 교과서 밖의 각 영역에 맞는 공부를 하기란 쉽지 않았다.

　하지만 다행히 예진이는 언어영역을 비교적 잘해 주었다. 하지만 이런 자만심에 결정타를 먹은 일이 있었다. 예진이가 수학 공부를 하기 위해 두 달 정도 언어영역 공부를 하지 않았던 때가 있었다. 이전 시험에서 수학의 점수가 높지 않아 집중적으로 공부하기 위해 그나마 자신 있는 언어영역의 시간을 줄인 것이다. 그런데 이것이 화근이 되어 언어영역이 상당히 큰 점수로 떨어지고 말았다. 그래서 다시 서둘러 공부를 시작했지만 언어영역의 점수는 한동안 오르지 않았다. 이 경험을 통해 어느 한 과목을 잘한다고 해서 소홀히 하면 안 된다는 것과 특히 그것이 언어영역일 때 다시 점수를 올리기가 쉽지 않다는 것을 절감했다.

이런저런 이유로 많은 아이들이 언어영역을 어려워한다. 예진이는 중학교 때부터 국어는 자습서로 공부했다. 자습서나 참고서는 교과서에 등장하는 어휘, 문단 정리, 소제, 주제에 대하여 자세하게 나와 있기 때문에 공부하기 편했다. 그렇게 공부해도 시험을 잘 보고 이해도 빠르기 때문에 수월하게 공부했던 것이 계기가 되어 고등학교에 와서도 자습서로 공부하고 별도로 인터넷 강의를 들으며 수능준비까지 병행하여 수강했다.

언어영역의 문제를 보면 대부분 단락 구분과 주제 파악에 관한 것이었는데 자습서는 교과목에 대한 참고 내용을 잘 정리해 두었다. 무엇보다 자습서를 철저하게 익히다 보면 언어영역에서 필요로 하는 영역별 학습을 충족할 수 있는 대안이 되었다. 언어영역은 추론적, 비판적, 창의적으로 이해하고 판단하는 능력, 다양한 장르의 문학 작품의 감상 원리를 익히고 정확한 분석과 비판 능력을 키워야 하는데 자습서로 공부하면 다른 어떤 것보다 효과가 있었다.

　예진이는 자습서로 공부할 때 교과서를 먼저 읽고 단락을 구분하고 단락의 주제와 소재를 찾아 자습서와 맞추어 보면서 문장을 파악하는 공부를 했다. 특히 참고가 될 어휘를 익히며 작품에 대한 분석과 비판을 자신의 생각과 맞추어 보았다.

　하지만 언어영역의 성적이 오르지 않는 아이들의 경우를 보면 공통적으로 언어영역의 자습서를 꼼꼼히 파악하지 않고 무조건 문제집만 푼다는 공통점이 있다. 너무 쉽게 생각하기 때문이다. 예진이의 경우를 보더라도 그렇게 공부하면 절대 성적이 오르지 않았다.

　고등학교에 입학하고 나서는 대부분 인터넷으로 강의를 수강했기 때문에 내가 예진이의 공부를 도와줄 일이 많지 않았다. 기출 문제를 찾아 주는 정도만 도와주어도 그럭저럭 진도가 나갔고, 엄마인 내가 예진이에게 도움을 줄 만큼 지식이 풍부하지 않다는 것을 알아버린 예진이는 독립적으로 공부했다.

　그런 예진이가 나에게 언어영역의 공부를 도와달라는 말을 한 적이 있다. 도저히 졸음이 오고 진도가 나가지 않으니 중학교 때처럼 엄마가 공부할 수 있도록 도와주면 좋겠다는 말을 했다. 그래서 다시 참고서를 잡고 예진이와 한 책상에 앉았을 때 예진이는 나에게 "틀리더라도 화내지 말고 내 생각이 맞는지 확인해 주세요."라고 말했다. 교과서 밖의 문제가 많으니까 예진이가 교과서의 주제 파악을 하는 것이 맞는지 알려달라는 것이었다. "틀려도 먼저 답을 말하시면 안 돼요!"라며 문장을 읽고 문장의 의미를 찾는 연습을 했다. 아이가 주제 파악이나 문장의 의미를 어려워하는 것은 읽는 사람의 생각에 따라 달리 해석될 수 있다는 언어의 특성 때문이라고 생각한다. 다시 예전처럼 언어영역의 성적이 오르게 되어 혼자 공부해도 되겠다는 예진이는, 엄마가 칭찬해 주어 그나마 공부할 수 있었다는 말을 해 주었다.

만약 사교육을 받는 경우라도 언어영역의 성적이 오르지 않는다면 혼자 자습서로 공부하는 방법을 알려주고 싶다. 고등학교 3학년이 되어 모의고사 성적이 나오지 않는다고 그때부터 혼자 자습서로 공부하면 시기적으로 늦은 감이 있다. 언어영역만큼은 저학년 때부터 혼자 공부하는 것이 좋다고 생각한다.

그 이유는 문장을 읽고 단락을 구분해 주는 주입식 교육으로는 언어영역의 사고 능력을 키울 수 없기 때문이다. 주입식으로 공부하면 스스로 문장을 이해하고 파악하는 연습의 기회가 없어지고 다른 사람의 결과를 받아들이게 되어 문장을 구분하는 능력이 떨어지게 된다. 그렇게 되면 교과서 밖의 문제에 대한 분석을 혼자서 할 수 없게 된다. 그런 면에서 언어는 혼자 공부하는 것이 매우 효과적이다.

또한 언어영역는 꾸준한 학습이 제일 중요하다. 쉽다고 생각하여 공부의 비중을 적게 두면 예진이의 경우처럼 성적이 몰라보게 떨어져서 당황하게 되기 때문에 꾸준한 시간 투자와 반복 학습으로 언어의 감각을 잃지 않도록 해야 한다.

언어영역 공부 이렇게

1. 자습서에는 어휘의 의미, 지시적 의미와 문맥적 · 비유적 의미, 속담 · 한자 성어 등의 어휘 관련 내용 및 어문 규범과 문장, 문단 쓰기, 문맥과 문체 표현 등의 어법 관련 내용이 잘 나와 있다. 자습서를 통해 개요 작성, 맞춤법 등 다양한 목적의 글쓰기에 맞게 내용의 생성과 조직, 표현, 고쳐쓰기 등 글쓰기의 과정과 기본 원리를 철저히 공부해 두어야 한다.

2. 언어영역의 점수가 높다 하더라도 꾸준하게 학습해야 한다. 언어영역의 공부를 소홀히 하면 영역의 점수가 좀처럼 오르지 않게 된다.

3. 교과서 밖의 지문이 많이 출제되기 때문에 자습서를 통해 주제 파악 및 문단 정리를 공부한 후에는 많은 문제집을 풀어서 교과서 밖의 지문에 대한 문제 푸는 능력을 키워야 한다.

인터넷교육 장단점을 알면 효과를 볼 수 있다

　　　　　　　　예진이는 대부분의 교육 과정을 인터넷 강좌를 통해 공부했다. 인터넷으로 공부하도록 결정한 이유는 이해가 늦고 필기를 많이 하는 예진에게 잘 맞는다는 생각이 들었기 때문이었다. 내가 예진이의 공부를 도와줄 때와 마찬가지로 예진이가 혼자서 이해할 수 있을 때까지 반복적으로 듣고 필기할 시간을 충분히 가질 수 있는 방식이 인터넷 강좌에서는 가능했기 때문이다.

　아이들이 인터넷으로 공부를 한다고 하면 엄마들은 아이 스스로 공부를 잘할 것이라고 알고 있다. 하지만 예진이만 보더라도 잠시도 눈을 떼지 않고 감시(?)해야 했다. 항상 곁에서 지켜봐야 공부를 한다는 말이다. 물론 마음이 성숙한 아이의 경우에는 혼자서도 가능할 것이다. 하지만 우리 주변에 얼마나 많은 아이들이 그렇게 할 수 있을지 궁금하다.

예진이가 인터넷으로 공부를 한다는 것이 알려졌을 때 아이 친구 엄마가 찾아와 예진이를 '대단하고 바람직하며 배울 점이 많은' 아이라며 칭찬해 주었다. 하지만 그것은 정말 엄마의 인내심이 없다면 들어 줄 수 없을 만큼 억울한 말이었다. 대부분의 아이는 절대로 혼자서 인터넷 강좌를 들을 수 없다는 것이 나의 생각이다.

어쨌든 인터넷 공부법은 아이의 공부를 엄마가 두 눈에 불을 켜고 지킬 자신만 있다면 어떤 공부법보다 좋은 방법임을 알려주고 싶다. 또한 시간이 지나면 아이는 스스로 하려고 노력하게 된다. 그래서 몇 년이 지나면 혼자서도 강의를 선택하여 수강하고 이해 정도에 따라 난이도를 조정하거나 졸음을 참기 위해 스트레칭을 하는 등 '혼자서도 잘할 수 있는' 아이가 되어 준다. 그래서 다른 엄마에게도 시도해 보라고 권하고 싶은 것이 바로 인터넷 공부법이다.

인터넷 강의는 대부분 현장 강의를 녹화하여 보여준다. 강남의 유명한 선생님이 학원에서 수업하는 내용이 녹화되어 방영되고 수업을 받고 있는 학생들의 뒷머리도 그대로 화면으로 나온다. 수업 중에 선생님의 재미있는 말이나 농담 또는 조는 아이를 지목하는 내용도 여과 없이 방송된다. 현장의 수업 모습이 그대로 방송되기 때문에 예진이도 집에서 혼자 공부한다는 마음이 들지 않고 학원 교실에 앉아 있는 것 같은 착각이 들어서인지 화면 속의 다른 아이들과 함께 웃고 대답도 했다.

하지만 현장 수업을 듣는 아이들보다 인터넷 강좌가 좋은 점은 선생님의 수업을 아이 선택에 따라 멈추거나 되돌려 들을 수 있다는 것이다. 이해가 되지 않으면 뒤로 돌려 반복하여 들을 수 있고 필기를 하기 위해 정지시켜 놓을 수 있기 때문이다. 현장에서라면 졸음이 와도, 이해가 되지 않아도 수업은 진행되기 때문에 집에서 인터넷으로 공부했을 때 수업 내용을 빠짐없이 이해할 수 있다고 생각한다.

반면 인터넷으로 공부를 하면 강의 내용에 대해 모르는 부분을 질문할 수 없고 또한 강의를 반복해서 듣다 보면 시간이 많이 걸려 초기에는 낭비하는 시간이 많다는 단점이 있다. 다행히 질문란에 질문을 올릴 수는 있으나, 같은 범위에 출제된 다른 문제를 풀지 못할 때 도움을 받을 수 없고 질문의 답도 시일이 지나야 도착한다는 문제도 있다.

인터넷 강좌를 신청하여 주면 아이가 처음에는 제법 잘 따라하다가 나중에는 흐지부지하여 비용만 지불하고 한 번도 마무리가 되지 않는다는 엄마들이 있었다.

인터넷 강좌는 한 과목의 강좌수가 많고 한 강좌당 40분에서 1시간 정도로 이루어졌지만 강의를 받게 되면 필기 시간을 포함하여 2시간 정도가 소요되기 때문에 비교적 많은 시간과 인내를 요구한다.

또한 학기 중에는 학교 과제물과 진도를 따라가기 위해 복습을 해야 하기 때문에 차분히 앉아 인터넷 강의를 들을 시간이 부족하여 계획적인 수강이 이루어지질 않아 중도에 포기하게 된다. 강제성이 없다는 점이 인터넷 강좌의 단점이다.

이런 문제를 해결하기 위해 방학을 이용하여 공부할 수 있도록 시간표를 짜 주어 예진이의 시간을 관리해 주었다. 엄마의 철통같은 감시 속에서 인터넷 강좌를 수강하게 되면 처음 수강할 때보다 강의를 수강하는 시간이 단축된다. 그렇기 때문에 인터넷으로 공부하기가 어렵다는 엄마의 이해와 준비만 있다면 대부분의 아이에게는 참 좋은 공부법이라고 생각한다.

엄마가 아이의 인터넷 강의를 도와주려면 교과 단원별, 기간별 시간표를 만들어 붙여 두고, 강의 시간표는 강좌를 요일별로 나누어 작성하고 오전과 오후에 쉬는 시간을 정하여 학원 못지않은 시간 관리를 해 주어야 한다.

강좌의 차례를 출력하여 일자별로 수강한 단원을 표시하고 수강하는 진도를 수시로 확인할 수 있도록 붙여 두어 막연한 느낌으로 수강하지 않고 계획성 있게 수강하도록 도와주어야 한다. 그리고 토요일 오후와 일요일은 강좌를 듣지 않고 그동안 배운 강좌를 복습하게 하여 몸과 마음에 휴식을 주는 것도 중요하다.

예진이는 하루에 수학, 영어, 언어과목을 들어야 할 경우 과목당 2강좌씩 연속하여 듣게 했다. 이렇게 하면 하루에 수학, 영어, 언어, 과학영역 4과목을 한 강좌씩 듣는 것보다 수업을 이해하는 데 도움이 되고 정리가 잘되었다. 반면에 과목당 한 강좌씩만 들으면 하루에 여러 과목을 듣게 되지만 하루가 너무 복잡하기만 하고 머릿속에 정리가 되질 않았다.

또한 아이에게 맛보기 강좌를 듣게 하여 선생님을 아이가 선택할 수 있게 하는 것이 좋다. 예진이가 들어야 하는 강좌의 선생님을 내가 선택한 적이 있었는데, 강좌가 끝날 때까지 내게 불만을 털어놓았다. 예진이는 목소리가 작을 경우 잠이 온다면서 목소리가 큰 선생님을 좋아했다. 그래서 다음 강좌를 선택할 때는 예진이가 선생님을 선택하여 강좌를 신청하도록 했더니 비교적 무리 없이 수업이 진행되었다.

인터넷 강좌만으로 아이가 시험을 잘 보기는 어렵다. 엄마가 높은 기대를 하면 아이가 인터넷 강좌를 들을 때 흥미를 잃게 만드는 요인이 된다. 인터넷으로 공부하는 것은 교과목 기본의 확립이므로 시간과 노력과 끈기 그리고 기다림이 필요하다.

예진이의 강의 시간표

시간/요일	월요일	화요일	수요일	목요일	금요일	토/일요일
8시~10시	수학	수학	수학	수학	수학	
10시 30분 ~12시 30분	수학	수학	수학	수학	수학	
점심						
2시~4시	영어	암기	영어	암기	영어	
4시 30분 ~6시 30분	영어	암기	영어	암기	영어	
저녁						
8시~10시	국어(언어영역)	국어(언어영역)	국어(언어영역)	국어(언어영역)	국어(언어영역)	
10시 30분 ~12시 30분	국어(언어영역)	국어(언어영역)	국어(언어영역)	국어(언어영역)	국어(언어영역)	
취침						

1. 오전에 수학(수리영역)을 풀면 정신이 맑아서 집중을 잘할 수 있다.

2. 쉬는 시간 30분은 반드시 지켜 준다.

3. 점심을 먹고 난 후에는 졸음이 오기 때문에 영어(외국어영역)이나 암기 과목의 강좌를 듣게 하고 큰 소리로 말하도록 한다.

4. 저녁을 먹고 난 후에는 국어(언어영역)를 하면 공부하기 수월하다. 몸이 피곤하기 때문에 비교적 이해가 쉬운 과목을 듣게 했다.

5. 토요일과 일요일에는 인터넷 강좌를 듣지 않았다. 책을 읽거나 텔레비전을 시청하도록 하여 피로를 풀도록 하는 것이 다음 주를 위해 도움이 된다.

6. 인터넷 강좌는 선행학습이다. 그렇기 때문에 다시 학교에서 반복하여 수업을 받기 때문에 시험을 보지 않아도 된다. 다만 학교 수업을 받고 오면 문제를 풀게 하여 복습하게 하면 효과가 좋다.

강좌별 커리큘럼(인터넷 영어 강좌 날짜별 강좌 계획표)

회차	강좌 내용/시간		일자
1회 DAY 01	명사구	69분	7월 26일
2회 DAY 02	수식어구	63분	
3회 DAY 03	분사	55분	7월 27일
4회 DAY 04	분사구문	61분	
5회 DAY 05	동명사	56분	7월 28일
6회 DAY 06	to부정사	71분	
7회 DAY 07	명사절 that	61분	8월 1일

회차	내용	시간	날짜
8회 DAY 08	N+절(관계대명사)	69분	
9회 DAY 09	N+절(관계부사)	60분	8월 2일
10회 DAY 10	조동사	59분	
11회 DAY 11	시제	63분	8월 3일
12회 DAY 12	태	59분	
13회 DAY 13	의문사+명사절	56분	8월 4일
14회 DAY 14	only for~목+목	53분	
15회 DAY 15	주격 보어	47분	8월 5일
16회 DAY 16	목적격 보어	62분	
17회 DAY 17	접속사	46분	8월 8일
18회 Day 18	비교급	56분	
19회 Day 19	가정	56분	8월 9일
20회 Day 20	기타 주요 구문 ▶종강	8분	

1. 하루에 두 강좌씩 듣게 한다. 이것은 한 과목을 연속하여 듣게 되면 머릿속에 오래 기억되기 때문이다.

2. 강좌 계획을 세울 경우 방학 동안에 마칠 수 있도록 하여야 한다. 학기 중 수업에 지장을 주게 되어 강좌를 마칠 수 없게 된다.

3. 방학 동안 인터넷 강좌로 선행학습을 하고 학기가 시작되면 수업 내용에 맞추어 문제풀이를 하여야 한다. 복습과 응용력을 키우는 연습을 하여야 시험에 대비할 수 있다.

1. EBS 수능 www.ebsi.co.kr

가장 많은 학생들이 신뢰하고 부담 없이 들을 수 있는 사이트이다. 강사들도 학교, 학원가에서 인정받는 선생님들이다. 학생들이 개념을 확실히 정립할 수 있도록 강의하는 것이 EBS의 가장 큰 특징이자 장점이라 할 수 있다. 또한 개념뿐만 아니라 단계별로 고난이도 개념과 문제풀이 강좌까지 개설되어 있어 공/사교육 시장에서 가장 으뜸이라 할 수 있다.

2. 메가스터디 www.megastudy.net

가장 유명한 사이트가 아닐까 싶다. 다양한 강의와 수준별 학습이 가능하도록 되어 있고 유명한 강사진이 가장 많이 있다고 할 수 있다. 중학교부터 가장 많이 들었는데 개념강의가 많아서 고등학교 선행학습을 하기에 좋다.

3. 강남구청 인터넷 수능방송 edu.ingang.go.kr

강남구청에서 인터넷 수능방송을 시작한 초기에는 가격이 굉장히 저렴했었다. 지금 또한 EBS를 제외한 어느 사이트보다도 저렴한 가격을 자랑하고 있다. 강사진들도 실제로 강남 학원가에서 유명한 강사들이 강의를 하고 있고 EBS에서 강의하고 있는 선생님들이 강남구청에서 또 강의하는 경우도 있다. 강의 내용의 질은 EBS와 비슷한 것 같다.

4. 대성 마이맥 www.mimacstudy.com

재수학원으로 유명한 대성학원에서 인터넷 강의를 시작하면서 만든 사이트이다. 재수학원으로 이어 온 오랜 명성만큼이나 경력 있는 강사들이 실제 재수생들을 대상으로 한 강의를 현장 강의 그대로 올려 놓은 것들로 이루어져 있다. 재수학원에서 오랜 경력을 쌓아 온 선생님들에게 배우면서 공부하는 노하우들을 느낄 수 있다는 것이 이 사이트의 가장 큰 장점인 것 같다. 현재 고3들도 이 사이트에서 많은 강의를 듣고 좋은 효과를 보고 있는 것 같다.

논술학원 보내지 않고
수시모집 준비

새롭게 달라지는 입시정책은 학부모를 늘 당황스럽게 만든다. 나의 경우에는 논술 시험을 준비하는 것이 가장 큰 어려움이었다. 수시모집 비중이 커지면서 대학에서 매년 논술로 선발되는 학생의 수가 늘어나고 있기 때문이었다.

예진이가 어떤 것도 시도해 보지 못한 상태로 있는 것과는 달리 다른 아이들은 논술학원을 다니고 있었다. 그런 분위기에 맞추어 예진이의 고등학교에서 주관해 몇 분의 교수님을 초청하여 논술 대비 강의를 학부모에게 해 주었다. '논술은 무엇인가? 어떻게 준비해야 하는가? 어떤 문제가 출제 될 것인가?'라는 주제였다. 나는 논술을 대비한 문제의 해답이 한 번에 해결될 것을 기대하며 참가했다.

'논술'은 교과 과정에 대한 전반적인 이해와 사고능력을 측정하기 위한 것이며, 언어의 유창성과 글을 쓰는 능력, 문제를 정확하게 파악하는 능력, 독창성 등을 평가 기준으로 두고 있다고 했다. 또한 전 학년에 대한, 전 과목에 대한 통합적이고 종합적인 평가라고 했다. 그러므로 고등학교 전 과정을 통합적으로 이해하고 독창적인 사고를 가진 아이가 글을 잘 써야 논술을 잘 본다는 말이었다.

세미나에서 다녀온 이후 논술에 대한 부담스런 마음이 해결되기는커녕 부담이 더욱 커지면서 더욱 불안해져 갔다. 특히 교과 과정을 통합적으로 이해해야 가능할 뿐 아니라 모든 면에서 뛰어나면서 글을 잘 쓰는 능력까지 갖추어야 합격한다는 말에 논술로 대학을 보내기가 쉽지 않겠다는 생각을 하게 되었다.

주변에서도 강남의 어느 학원이 논술로 유명하다는 소문이 돌며 예진이의 친구들도 준비한다는 말을 들을 때마다 목에서 쓴물이 올라오는 것을 느꼈다. 방법을 찾기 위해 논술 기출 문제집을 찾아보았다. 교과 전 과정에 대한 통합적인 문제가 어떻게 출제되는지 알고 싶었다. 그래서 여러 대학의 기출 문제집 중 예진이가 가고자 하는 몇 군데 대학의 것을 샀다. 그리고 고등학교 2학년 때부터 잠들기 전 1시간을 투자하여 읽어 보게 했다.

논술 기출 문제집을 읽어 보게 한 것은 동일한 내용이나 유형의 문제가 출제될 것을 대비하기 위기 위해서였다. 또한 논술 문제가 교과 과정의 통합적인 내용이기 때문에 앞으로 공부를 하면서 문제에 맞는 답을 배우게 하고 싶었다. 또한 예진이가 통합적인 문제의 유형을 보며 공부하는 영역을 넓혀 주길 기대했다. 하지만 예진이는 문제를 읽고 답을 확인하는 것만으로도 어려워했다. 그런데 논술 준비에 대한 가능성만을 믿으며 논술에 많은 시간을 투자할 여유가 없었다. 시일이 지나면서 예진이도 다른 과목을 공부하는 데 힘이 부쳐 논술에 전념하지 못하고 대충 흉내만 내고 글을 지내었다.

"엄마! 오늘 생물 시간에 논술 기출 문제에서 나왔던 부분을 선생님께서 알려주시는 거예요. 아마 기출 문제를 보지 못했다면 그냥 흘려들었을 거예요. 엄마! 나만 알아들은 것 같아요! 신난다."

생물 시간에 선생님의 설명을 듣다가 논술 문제와 연관된 내용을 배우게 되었다고 했다. 그리고 다시 기출 문제집에서 문제를 찾아 배운 내용을 자세히 적어 두었다. 그리고 차츰 그런 내용이 많아져 갔다. 문제를 보고 난 다음 내용을 배우는 식이었다. 학교 과정이 논술과 전혀 무관하지 않다는 것을 확인했다.

예진이는 따로 논술에 대한 사교육을 전혀 받지 않고 논술 시험에 합격했다. 그래서 논술 기출 문제를 먼저 보고 난 다음 교과 공부를 해도 어느 정도 논술을 대비한 공부가 된다는 것을 알았다. 그런 점에서 교과목에 대한 통합적인 평가라는 말은 맞는 말이었다. 또한 예진이처럼 모든 과목을 이해하지 못하는 보통의 아이에게 도움이 될 것 같았다.

또한 대학의 논술 문제는 기출 문제에서 동일한 문제나 비슷한 유형으로는 출제되지 않았다. 예진이가 수시모집 시험을 3개 대학에서 보았지만 같은 문제나 유형을 찾을 수 없었다. 그렇기 때문에 기출 문제의 답을 외운다고 도움이 되지 않는 것은 분명했다. 그러므로 예진이처럼 교과 과정의 성적이 높지 않다면 기출 문제를 먼저 보고 학교 공부를 하는 것도 하나의 방법이라고 생각한다.

수시모집 논술 시험 요령

1. 수시는 대부분 수능보다 먼저 원서를 접수한다. 또한 대학마다 수시 접수 기간이 다르기 때문에 반드시 확인하여야 한다. 요즘엔 학교에서 원서 접수를 하지 않고 인터넷의 입시 대행 사이트에서 하기 때문에 본인이 확인하여 접수 시기를 놓치지 않아야 한다.

2. 자신이 가고자 하는 대학을 한두 곳만 정하지 말고 좀 더 많은 대학에서 수시를 보게 되면 자신이 공부한 부분의 문제, 즉 자신이 풀 수 있는 문제를 시험 볼 수 있다. 대학마다 출제 경향이 있는데 그것이 자신과 맞아서 좋은 결과를 얻을 수 있다.

3. 수시로 합격을 하게 되면 수능 성적으로 대학에 입학할 수 없기 때문에 수시를 볼 때는 자신의 예상 성적(모의고사 성적)보다 높게 지원하면 후회하지 않게 된다. (예진이의 친구는 수시로 자신이 가고자 하는 대학보다 낮게 지원하여 합격을 했는데 수능을 잘 보아서 목표한 대학에 충분히 합격할 수 있었지만 지원할 수 없었다. 수능 성적 평균 1, 2등급이었는데도 낮게 합격한 대학 때문에 수능으로 대학에 진학할 수 없었다.)

4. 논술 시험에서는 글씨를 깨끗이 써야 한다. 수시는 경쟁률이 높고 지원한 학생이 많기 때문에 글씨를 깨끗하게 쓰지 않으면 깨끗하게 쓴 학생에 비해 낮은 점수를 받을 수 있다.

5. 모르는 문제가 나왔다고 해서 포기하지 말고 전반적인 생각을 잘 표현하도록 하여야 한다. 사실 학생이 풀기에 너무 어려운 문제가 나오기 때문에 자신의 생각을 잘 표현한 경우 가산점이 있다. (단답형으로 답을 하지 말고 자신의 생각을 글로 조리있게 표현하여야 한다.) 예를 들어 모르는 문제가 출제되면 출제된 단원에 대한 요약을 적어 두면 점수를 받을 수 있다.

6. 도표를 이용하여 자신의 생각을 쓰는 것이 유리하다. 가급적 문제에 대한 답을 도표로 만들어 답을 쓰면 다른 학생에 비해 논리적이고 창의적인 부분에서 점수를 받을 수 있다.

5장

엄마와
아이 사이,
소통의
다리 놓기

아이에게는
위로가 필요하다

　　　　　　　　예진이를 키우는 나의 방법이 잘 못되었다는 생각으로 힘들던 기간이 있었다. 최선을 다하여 공부하면 반드시 좋은 결과가 있다고 믿었던 만큼 예진이에게도 그렇게 이야기하며 키웠다. 하지만 성실하게 공부하던 예진이가 성적이 올라가지 않자 힘들어 했다. 나 또한 성적 때문에 새로운 방법을 찾으며 고민하고 있었는데 그 사이 예진이는 점점 행동에 변화를 보였다.

　내가 묻는 말에는 대답을 거의 하지 않았는데 학교에서 있었던 일뿐만 아니라 일상적인 질문에도 간단하게 대답했다. 더욱이 공부를 해야 하는 시간에 침대에 누워 편하게 자고 있었다. 처음에는 버릇이 없다거나 생각이 없다고 화를 내며 대응을 해 보았지만 예진이는 그런 나의 반응에 아랑곳하지 않고 점점 더 무모해져 갔다. 그런 예진이와 싸움을 하며 지내다가 예진이의 성격이 나쁘게 변하고 있다는 생각이 들었다.

그렇게 힘든 시간을 보내던 중 나는 예진이에게 나의 심정을 알려주었다.

"힘들다는 것은 알겠어. 하지만 네가 이럴수록 엄마도 힘들어. 지금이 어떤 시긴데 이렇게 못나게 구니?"

그런데 예진이는 뜻밖에도 공부를 하기 싫다고 말했다. 책도 문제집도 보기 싫고 학교도 다니기 싫다며 자신이 공부에 재능이 없는 것을 알았다는 말을 했다.

"혼자 공부하는 것이 힘들어서 그러니?"

"아뇨, 그런 건 아니고요. 제가 머리가 나쁜 것 같아요. 공부에 취미도 없고요. 그래서 하기 싫어졌어요."

예진이의 대답으로 한동안 정신을 차릴 수가 없었다. 방법이 문제가 있는지 찾으려고 했지만 예진이는 자신의 무능력을 탓하며 괴로워했던 것이다.

그런 마음을 가지고 있는 아이를 보고 태도가 불량하고 공부하는 자세도 나쁘다며 그동안 여러 번 혼을 냈던 일이 후회스러웠다. 또한 예진이뿐이 아니라 나도 예진이의 오르지 않는 성적 때문에 지쳐 있긴 마찬가지였다.

예진이는 이과를 지원했지만 화학과 물리는 교과서도 이해를 못했다. 다행히 생물은 학교에서 실험을 주관할 정도로 선생님도 인정해 주셨다. 점수를 올려 보겠다는 생각으로 나는 시간표를 화학과 물리 위주로 작성하여 인터넷 강의를 수강하도록 했다. 하지만 좀처럼 모의고사나 학교 성적이 오르질 않았다. 게다가 자랑스러운 생물과 그나마 잘한다고 생각했던 언어영역, 외국어영역의 점수마저 떨어졌다. 전 과목의 시험 점수 등급이 3등급과 6등급까지 나왔을 때 예진이뿐 아니라 나도 절망스러웠다. 그 이후 시험에 대한 풀리지 않는 스트레스로 예진이가 변했던 것 같았다. 나도 밖에 나가 누군가에게 힘들다고 울고 싶던 때였다. "나 엄마 노릇 못하겠어요. 이렇게 힘들어서 어떻게 엄마를 해요? 나 좀 구해줘요."라고 외치고 싶었다.

그런 과정에서 예진이가 반항하는 모습을 보였다. 예진이는 힘든 일로 인한 심리적 변화의 모습과 성격 문제로 인한 반항의 모습이 크게 다르지 않아 때론 나를 혼란스럽게 만들었다.

예진이는 자신이 공부에 재능이 없다면서 진로를 바꾸고 싶다고 했다.

"엄마! 나 문과로 전과하고 싶어요. 도대체 물리, 화학의 진도를 따라갈 수가 없어요. 물리는 정말 풀리질 않아요. 그 정도로 공부하면 시험 문제가 쉬워야 할 텐데 문제를 보면 공부를 할 때나 안 할 때나 똑같이 어려워서 도저히 못하겠어요."

예진이의 말처럼 화학과 물리는 공부를 해도 성적이 나아지지 않았고, 그나마 자신 있던 생물, 언어 그리고 외국어도 덩달아 못하게 된다는 것을 점수로 이미 확인했다.

하지만 고등학교 2학년도 중반을 넘기 시기에 전과를 한다는 것 자체가 무리였다. 또한 의사가 되겠다는 예진이의 오랜 꿈을 포기하는 결과밖에 되지 않았다. 그래서 물리와 화학 중에 어느 것이 더 어려운지 물어보았다.

"물리요. 화학은 외우면 되지만 물리는 도저히 어려워서 못하겠어요."

그래서 물리를 포기하기로 결정했다. 다행히 요즘 대학에서 수능 점수 중 선택적으로 탐구영역(4과목)의 3과목 점수만 반영했기 때문에 물리를 포기하고 나머지 탐구영역의 공부를 하게 했다. 물론 물리를 포기했을 때 문제가 없는 것은 아니다. 매년 과목마다 난이도가 다르게 출제기 때문이다. 물리가 쉽게 나오고 화학이 어렵게 출제될 경우와 반대의 경우를 대비하여 대부분의 아이들이 탐구영역의 4과목을 모두 공부했다.

하지만 나는 공부를 포기하고 싶다는 예진이의 마음의 짐을 덜어 주고 싶었다.

"엄마! 사실 물리 과목이 어려워서 다른 과목 암기를 못했어요. 처음에 탐구영역은 이해를 먼저 하고 나중에 암기해야 한다고 미뤘는데 암기를 게으르게 한 것이 원인이에요. 이제 열심히 할게요."

힘들었던 물리의 짐을 벗고 나자 예진이는 예전의 반항하던 모습이 점차 줄어들고 조금씩 활기를 찾아가는 모습을 보였다.

그런데 문제는 물리뿐이 아니었다. 이과의 제일 주요 과목인 수학을 어려워해서 성적이 평균 3등급을 유지하는 것도 어려웠고, 최하 49점 6등급을 받은 적도 있었다. 이과 필수 과목인 수학이기 때문에 물리처럼 포기할 수 없었다.

"예진아, 수학 문제 중에 어느 단원의 문제가 가장 어렵니?"

"확률이요?"

"확률 이외에 다른 단원은 쉽니? 확률이 시험에 몇 문제나 나오니?"

"다른 단원도 모르긴 하지만 확률은 도저히 모르겠어요. 그리고 시험에서 확률 문제가 한두 문제는 꼭 나와요."

"그럼 확률 문제가 나오면 풀지 말고 다른 문제만 풀어."

"그래도 돼요?"

나는 한두 문제 때문에 수학 전체를 포기하도록 할 수가 없어서 확률을 포기하도록 했다. 그리고 수학도 교과서를 보면서 처음부터 시작하는 마음으로 공부하도록 했다.

물론 확률 단원을 공부하지 않은 것은 생각만큼 도움이 되지 않았고 화학처럼 성적이 오르진 않았다. 하지만 수학을 다시 공부하면서 차츰 아이가 안정을 찾아가는 모습을 보여주었다. 예진이가 수능에서 수리영역에서 92점을 받으며 아깝게 2등급을 받았는데 3년 동안 받아 본 점수 중 최고의 기록이었다.

그 시기에 예진이를 보며 느낀 것은 성적이 오르지 않는 과목에 시간을 투자하는 것은 축구 선수가 피아노를 치는 것과 마찬가지로 어려운 일이라는 것이었다. 고등학교 2학년이 되면서 예진이가 공부하는 과목에도 성향 차이가 있었다.

예진이는 이유 없이 반항하는 모습을 주기적으로 보였다. 아침에 깨웠을 때 화를 내면 시작을 알리는 신호가 틀림없었다. 처음에는 몸의 상태가 좋지 않다고 생각하여 좋은 약을 먹였지만 약으로 해결되지 않는 문제일 때가 더 많았다. 예진이는 성적에 대한 스트레스로 힘들어했고 그 모습이 나에게는 반항하는 것으로 보인 것 같다.

그런 예진이에게 구체적으로 자신의 공부를 뒤돌아보게 하여 잘하는 과목과 못하는 과목을 나누게 하는 것만으로도 막연한 두려움에서 벗어나게 할 수 있었다. 또한 이해가 부족한 과목이나 단원을 과감히 포기하도록 하는 것도 한 가지 방법이라는 것을 알게 되었다.

그렇게 예진이와 씨름하며 한 걸음씩 나가다 보니 나도 모르는 사이에 목청이 한 옥타브 높아져 있었다. '아, 이 세상에 엄마보다 더 힘든 역할이 있을까!'라는 생각을 하던 시기였다. 그러나 예진이는 나를 신 바로 아래에 있으면서 거의 신에 가까운 능력을 가지고 있다고 생각하는 것 같았다. 자신이 해야 하는 공부가 모두 엄마 탓인 것처럼 생각하고 엄마만 없다면 공부는 안 해도 된다는 식으로 대책 없이 덤볐다. 그러다가도 자신의 문제가 해결되었다고 생각되거나 엄마의 위로로 마음이 풀리면 정말 편안해 보였다.

탈무드에 "자식에게 물고기를 잡아 주면 한 끼의 식사를 해결해 주는 것이지만 물고기를 잡는 법을 가르쳐 주면 평생의 식사를 해결해 주는 것이다."라는 말이 있다. 대학에 가기까지 12년은 참 긴 시간이지만 차라리 물고기를 평생 잡아 주는 편이 훨씬 쉽다고 생각할 만큼 그 시기에 엄마들은 분명 힘들다.

알파맘과 베타맘의 의미

자녀의 교육 방법에 효율성을 강조하는 알파맘 그리고 자율성을 부여해 자녀들에게 스스로 선택하게 하는 베타맘 (미국에서 시작됨)

알파맘의 가장 큰 힘은 바로 정보력, 온 · 오프라인 등의 소스를 통해 수집한 풍부한 정보력을 바탕으로 자녀의 미래를 가이드해 주고 설계한다.

베타맘은 아이의 미래를 스스로 선택하게끔 다양한 사고력과 창의력 그리고 판단력을 심도록 자율성과 격려를 해준다.

알파맘은 자녀교육 및 가사생활 등에서 다분히 전략적인 운영을 추구하며 최대의 효율을 이끌어내고자 한다. 그들의 가장 큰 관심사인 교육과 가사 정보를 공유하기 위해 인터넷을 적극 활용하고 있으며 적극적인 행동에 걸맞게 각종 마케터들의 표적이 되고 있다. 분야별 잘나가는 학원이나 전문가 섭외는 기본이요, 각종 학업 설명회에 참여하고 최대한의 효율성을 위해 아이들을 차로 데려다주고 데려오는 열성 부모의 모습은 한국에서도 심심찮게 발견할 수 있는 모습이다.

장점 아이를 위해 모든 것을 다해 준다.

단점 극성적이다, 자기 자식만 위한다, 아이에게 부담이 될 수도 있다.

베타맘은 알파맘과는 반대의 성향을 가지고 있다. 아이의 양육에 있어서도 다소 느긋한 성격에 맞게 여유가 느껴진다. 집에서 아이를 직접 가르치거나 다양한 분야의 책을 읽는 것으로 교육을 대신하기도 한다. 자녀의 행복이 알파맘의 양육방식과 큰 상관관계가 없다는 연구가 발표되면서 베타맘이 힘을 얻고 있기도 하다.

장점 엄마와 함께 하는 시간이 많다, 아이에게 부담이 덜 간다.

단점 아이가 공부에 대해 별로 신경 안 쓸 수도 있다.

《알파맘 베타맘 : 엄마들의 교육전쟁》 장윤정 저

엄마의 불안한 마음은
아이의 공부를 방해한다

예진이가 중학교에 입학하고 나서 첫 시험을 보고 온 날이 기억에 남는다. 예진이의 교육을 내가 맡았다는 점에서 가능성을 체크해 보는 날이기 때문에 긴장한 채로 예진이의 귀가를 기다렸다. 12시가 조금 넘어 들어온 예진이의 가방을 열어 보며 시험지에 적힌 점수를 확인했다.

"너 이거 엄마랑 풀어 본 문제잖니? 시험이 어려운 것도 아니고 이런 문제를 틀리고 그러니? 너 정말 바보구나!"

기도를 하는 마음으로 기대했지만 높지 않은 점수를 보자 나는 벌컥 화가 났다. 그래서 어떤 문제를 틀렸는지 시험지를 보았는데 전 날 풀어 본 문제를 틀렸기 때문에 긴장했던 마음이 그대로 화로 변했다.

"시험을 보는데 손이 떨리고 머리가 아파서 한동안 시험 문제가 눈에 들어오지 않았어요. 첫 시험이 끝나고 속이 안 좋아 화장실에 가서 토했어요. 친구가 선생님께 약을 달라고 해서 먹었어요."

시험지를 나에게서 빼앗아 가져가면서 토했다는 말을 했다.

"어디 아팠어? 감기 걸렸니? 아니면 체했나? 그래서 내가 아이스크림 많이 먹지 말라고 했잖아!"

"아니요. 시험 점수가 잘못 나올까 봐서 겁이 났어요. 엄마가 기대하는 만큼 저도 시험을 잘 보고 싶어서 그랬어요."

"엄마가 언제 시험 점수를 잘 받아오라고 했니? 아는 것만이라도 잘 풀고 오라고 했잖아!"

"그게 그 말 아니에요?"

토했다는 말을 듣고 보니 나의 긴장감을 예진이도 알고 있었던 것 같았다. 내가 예진이의 교육을 맡게 되면서 시험 성적은 나에 대한 평가라는 생각이 들었다. 교복 앞에 묻어 있는 얼룩을 바라보며 나의 불안한 마음이 예진이에게 그대로 전달되었다는 것을 알았다.

평소에 예진이는 확실히 알지 못해도 대충 답만 맞으면 된다는 태도를 보였다. 특히 집에서 문제풀이를 할 때 점수를 잘 맞으면 그 증상은 더욱 심해졌는데, 그런 이유로 예진이가 정확히 알지 못하면서 점수를 잘 맞는 것이 나에게는 더 큰 걱정거리였다.

"예진아! 네가 공부한 내용을 틀리는 것은 공부를 할 때 대충하는 습관 때문이야. 이번 시험으로 네가 얼마나 실수를 많이 하는지 확인하는 것이 더 중요해."

예진이의 시험지를 놓고 어떤 문제를 틀렸는지 알아보았다. 틀린 문제에 대한 해결책이 없다면 내가 예진이와 공부하는 것은 좋지 않는 방법이 되는 것이었다.

"거 봐요, 엄마. 이런 문제는 절대 책에서 나오는 것이 아니고 배운 것도 아니에요. 너무 어려워요. 그런데 이런 문제를 선생님은 어떻게 생각해 내시는 걸까? 이런 문제를 풀 수 있는 애는 좋은 학원에 다니는 아이들이에요. 그러니까 내가 못 풀지."

예진이가 자신이 풀지 못한 문제가 교과서에 나와 있지도 않았으니 엄마의 교육에 문제가 있으며 자신이 풀지 못하는 이유는 어려운 문제만을 출제하는 교육 정책 때문이라는 말까지 하며 자신의 억울함을 토로했다.

하지만 예진이가 풀지 못한 문제를 노트에서 찾아보았더니 작은 글씨로 필기한 내용이었다. 선생님께서 수업 시간에 설명을 하신 내용으로 노트 옆에 작은 글씨로 적혀 있었다. 그런데 작게 적혀 있는 것에 비해 배점은 5점이나 되었다.

"거 봐라. 선생님도 중요한 것을 아시고 설명을 해 주셨네. 선생님이 설명하신 내용은 시험에 나올 만큼 중요한 거야."

"그렇게 중요한 문제면 선생님은 별표를 10개 달아 주셔야 하는 거 아닌가요? 너무해요! 이런 것까지 꼼꼼히 공부해야 하면 얼마나 더 열심히 하라는 거예요."

틀린 문제가 노트에 있는 것을 확인하고 나서도 믿을 수 없다는 듯 예진이가 투덜거렸다.

"수업 시간에 선생님이 하신 말씀이 모두 시험에 나올 수 있는 거야. 그러니까 별표를 10개 주지 않으셔도 네가 수업에 그만큼 집중해야지. 학교 수업 자체가 별표 10개야. 알겠지!"

평소에 예진이에게 같은 내용의 문제점에 대해 수없이 많이 이야기했지만 좀처럼 고쳐질 기미를 보이지 않았다. 하지만 시험지를 보며 예진이에게 반성할 점을 지적하면 잔소리를 대신해 주는 효과가 있었다. 그것은 예진이가 자신의 점수를 보며 엄마의 말이 틀리지 않다는 것을 확인하기 때문이라고 생각한다.

예진이가 비교적 순종적이라 하더라도 쉽게 고쳐지지 않는 습관이 있었다. 산만한 성격 때문인지 암기를 하거나 교과서를 읽더라도 확실히 공부하지 않는 습관이었다. 그런데 시험을 보고 실수를 확인하는 과정에서 자신의 문제점을 확인하도록 했더니 열 마디 잔소리보다 훨씬 효과적이었다. 그런 이유로 나는 시험을 보고 온 날이면 예진이의 공부 방법에 대한 문제점을 찾도록 하는 일이 우선이 되었다. 그런 과정 속에서 예진이 자신도 공부 영역과 방법에 대해 터득하게 되었다.

고등학교에 올라가면서 시험의 내용이 전 학년에 걸친 교과목의 응용이 되자 예진이의 성적은 매우 불안정해졌다. 고등학교 시험은 단순히 암기를 하거나 교과서를 요약하는 문제를 넘어 전반적인 파악이 가능해야 했다. 그렇기 때문에 예진이의 마음은 매우 복잡하고 불안하게 되었다. 그리고 성적이 급속한 발전은 없었지만 급속한 추락은 있었다.

공부를 도와준 선생님으로서 내가 예진이 곁에서 느낀 점은 마음이 불안하고 안정되지 않으면 시험을 잘 보지 못한다는 것이었다. 그래서 예진이가 차분한 마음을 가질 수 있게 하려고 노력했다. 그리고 나 스스로는 마음을 비우는 연습을 했다.

시험을 보고 온 날 자신의 문제에 대해 고민하던 아이가 학교에서 선생님을 찾아뵙고 상담을 받았다는 말을 했다.

"선생님을 찾아뵙고 상담을 받았어요. 선생님은 방법이 틀리지 않았다고 하셨어요. 하지만 그래도 모르겠어요. 그래서 친구들에게 어떤 식으로 공부를 하면 되는지 물어도 보았는데 나와 방법이 크게 다르지 않았어요. 그래서 어떻게 해야 할지 모르겠어요."

별 문제가 없던 언어영역의 점수가 떨어지더니 좀처럼 오르지 않았기 때문이었다. 하지만 모르는 체 했다. 내가 문제를 확대하여 호들갑스럽게 행동한다면 예진이가 더욱 힘들어 할 것 같았다. 그리고 그보다 더 큰 이유는 공부 방법이 틀린 것이 아니라 다만 좀 더 시간이 필요하다는 생각을 가지고 있었기 때문이었다.

선생님과 친구들을 통해 자신의 공부 방법이 틀리지 않다는 것을 확인한 예진이는 꾸준히 공부했고 다음 시험에서 예전에 받았던 90점대의 점수를 받게 되었다. 그 점수 차이가 무려 20점이나 되었다.

"엄마! 엄마! 문제점을 이제 알았어요. 언어는 꾸준히 공부해야 하는 걸 알았어요. 감을 잊어버렸나 봐요. 언어는 꾸준히 해야 하는 걸 이제 알 것 같아요. 왜 우리나라 사람이 외국에 오래 있으면 한글을 잊어버리잖아요. 수학 공부 하느라고 언어를 조금 소홀히 했던 게 문제였어요."

예진이가 스스로 찾은 방법도 옳겠지만 나는 조금 달리 생각했다. 어려운 과목을 힘들게 공부했지만 성적이 오르지 않게 되어 불안한 마음이 들었던 것이다. 그렇게 자신의 문제가 풀리지 않는 숙제로 남아 있어 차분히 공부에 전념할 수 없었기 때문이라고 생각했다. 하지만 선생님과 친구들의 공부 방법을 확인하면서 마음이 차분해지고 안정을 찾게 되어 다시 예전의 점수를 받게 되었다고 보았다.

문제가 해결되고 나자 예진이가 나에게 쪽지로 전해준 말이었다.

아이에게 속마음을 보여도 좋다

노을이 운동장 모래 위에 내려앉으면 퇴근하시던 아버지를 교정에서 만났다. 땅따먹기를 하고 있다가 아버지께 쪼르르 달려가서 "아버지! 백 원만 주세요."라며 흙 묻은 손을 내밀면 바지 주머니에서 돈을 꺼내 주시던 아버지는 나에게 태산 같은 분이셨다.

그런 아버지와 한번은 집을 구하러 다닌 적이 있었다. 내가 대학생 때였는데 그날따라 아버지의 굽은 등이 서글퍼 보였다. 그래서 아직도 그날 고개 숙이신 아버지가 눈에 선하다.

"네 생각은 어떠니? 이곳으로 이사와도 되겠니? 아버지는 마음에 든다만."

엄마 대신 나를 데리고 오신 아버지가 집의 상태를 보시고 의견을 물어보셨다. 어머니는 건강이 좋지 않으셨다. 그런 어머니의 병세가 악화되어 마음 아파하시던 아버지께서 생각을 물으셨는데 나는 대답 대신 눈물이 났다.

"왜 여기가 마음에 들지 않니? 알았다. 이전에 보았던 아파트로 가자. 조금 무리를 하지 뭐."

집 때문에 우는 것이 아니라 아버지가 너무 안쓰러워서 눈물이 난다는 말을 할 수가 없었다. 어쩐지 그런 말을 아버지께 하는 것은 잘못된 일 같았다. 또한 자라면서 아버지에게 속마음을 드러내거나 나의 의견을 말해본 적이 많지 않았다.

그런 내가 예진이에게 의견을 자주 물어 보았는데, 어린 예진이가 고민하는 얼굴로 나의 예상을 빗나간 대답을 하면 나의 못난 부분을 닮지 않은 것 같아 기분이 좋았다.

"장롱은 어디에 놓으면 좋겠니?"

"으음, 창문을 가리면 좋겠어. 왜냐하면 밖에서 들려오는 차 소리가 너무 크니까 소리를 막는 게 좋지 않을까?"

예진이가 유치원에 다녔을 때 새집으로 이사를 왔는데 그런 아이의 말이 신기하기까지 했다.

"그럼 햇살을 못 받잖아. 방이 어두울 텐데?"

"그래도 시끄럽잖아. 엄마는 어떤 게 좋아? 시끄러운 거 아니면 밝은 거?"

나는 예진이의 생각이나 의견을 들으며 예진이와의 높이와 거리의 차이를 좁히려고 애쓰면서 살았다. 그런데 예진이가 고등학교에 올라가면서 염색을 하고 싶다거나 파마나 귀걸이를 하고 싶다는 선언을 해서 나를 한동안 정신없게 만들기도 했다. 또 교복 속으로 입는 티셔츠를 꺼내 놓고 다닐 때도 매번 아이와 다툼을 했었다. 그럴 때마다 예전에 예진이에게 느꼈던 행복함이 아니라 거침없는 말과 행동에 당황하곤 했다. 잘 다려 입고 정해진 규격의 교복을 입어야 했던 우리 세대와는 사뭇 다른 모습에 깜짝깜짝 놀란다.

"파마? 염색? 그게 가능하니?"

"그럼요, 엄마! 모두 하고 다녀요."

"글쎄 엄마는 못 보았는데, 누가 하고 다녔다는 거야?"

"아이들 머리 그거 다 한 거에요. 엄마도 봤잖아요. 웨이브하고 다닌 애들 못 봤어요?"

"그래 한두 명 본거 같긴 하다. 그런데 넌 어떤 것을 하고 싶다는 거야?"

나도 별 수 없는 어른이 되어 있었는지 화가 나기 시작했다.

"약간의 웨이브 파마를 했으면 좋겠어요. 그리고 귀걸이도 하고 싶어요."

"그만 말해. 그건 말도 안 된다."

"왜 말이 안 돼요? 엄마는 내가 무슨 즐거움이 있다고 생각해요? 나도 즐거움이 있어야 하잖아요. 지금은 아무 즐거움이 없어요. 엄마 말대로 학생은 인간답게 살면 대학에 못 간다면서요? 그렇지만 즐거움은 남겨줘야죠. 내가 우울하게 학생 시절을 보내면 좋겠어요? 요즘 우리의 즐거움은 그런 것뿐이에요. 그렇다고 엄마가 나에게 남자친구를 허락하겠어요? 아니면 연예인 팬 카페에 가입을 허락하겠어요? 그러니 하게 해줘요."

이건 차라리 명령이었다. 그러나 나는 당황스러움을 접어 두고 공부량을 늘리는 조건으로 파마를 하게 했고, 그 후 몇 차례의 요구를 받고 나서 방학에만 한다는 조건으로 귀걸이마저 허락했다.

뒤돌아 생각해 보면 파마와 귀걸이를 하는 것이 예진이에게 어느 정도 기쁨을 주었는지 가늠할 순 없다. 하지만 예진이가 자신의 스트레스를 풀기 위해 엄마와 타협을 할 줄 아는 아이가 되었다는 점에서 나는 만족한다.

내가 예진이에게 엄하게 대하면 예진이는 바로 말수가 줄어들었다. 그러나 예진이 앞에서 적당히 실수도 하고 농담도 하면 예진이는 바로 반응을 보였는데, 한번은 미팅을 나간 친구가 제 엄마를 어떻게 속였는지 서슴없이 나에게 이야기를 했다.

가끔은 부모에게 너무 버릇없이 행동하는 것을 보며 후회할 때도 있었다. 그러나 예진이가 무슨 생각을 하며 누구를 좋아하고 어떤 유형의 사람인지 모르는 것보다는 낫다는 생각이 든다. 나는 다양하고 복잡하지만 아름답고 소중한 아이의 꿈을 들을 수 있는 기회를 놓치고 싶지 않았다.

어른도 아이의 생각을 받아들일 수 있어야 한다고 생각한다. 어른만

옳다고 주장하면 자신만의 세상에 갇히게 된다. 올바르게 평생을 살았으나 정작 자신의 자녀와 대화할 수 있는 기회를 만들지 못할 수도 있다. 나는 열린 마음의 부모가 되어 자녀의 실수를 들어주고 자녀도 실수에 대한 자신의 속마음을 부모에게 털어놓고 말할 수 있어야 아이가 바르고 편견 없이 자란다고 생각한다.

특히 혼자 공부하는 아이의 경우 부모에게 자신의 문제를 털어놓고 해결해 나가는 것이 매우 중요하다. 아이의 마음이 편하다는 것은 공부를 할 수 있는 최적의 조건이 되기 때문이다.

우리 엄마는 내게 화를 내실 때 '부자 될 놈', '크게 될 놈'이라고 하셨는데, 엄마의 그 말씀을 들으면 '내가 나쁜 사람은 아니지만 행동이 잘못되었구나.' 하는 생각이 들었다. 엄마는 말은 씨가 되기 때문에 나쁜 말은 하지 말아야 한다고 평소에 말씀하셨는데 그런 의미로 해석했다. 화를 내시는 엄마로부터 '크게 될 놈'이라는 소리를 듣게 되면 엄마에 대한 거리감이 없어졌다. 엄마의 하소연을 내가 거부감 없이 받아들였던 것도 그 때문인 것 같았다.

요즘은 아이를 많이 낳지 않다 보니 아이에게 너그러워진다. 그래서 아이의 버릇이 없어지는 원인이 되기도 하지만 혼자 자란 아이에게 부모가 화를 내거나 혼을 내면 혼자서 풀어야 한다는 점에서 아이가 받는 스트레스는 매우 크다. 그래서 나는 가능하면 우리 엄마와 같은 방법으로 화를 내었다.

부모들의 감정 표현

부모는 자녀와의 상호작용에서 생기는 갈등이나 압박감을 다룰 때 자녀들의 행동에 대해 화를 낼 권리가 있다. 자녀의 행동 때문에 갈등과 분노가 생기고 긴장될 때 부모는 감정을 억제하지 말고 감정을 표현해야 한다.

죄의식이나 미안한 마음을 가질 필요가 없으며 어른도 화낼 권리가 있음을 보여주고 부모의 감정 상태를 언어로 표현하는 모델을 보여줘야 한다.

결과적으로 자녀의 인성을 공격하지 않으면서 부모의 감정을 표현하기 때문에 효과적이라 할 수 있다.

《훈련중심 부모교육》 이숙, 우희정. 최진아, 이춘아 공저

권위주의(부모세대)와 탈권위주의(자녀세대)

권위주의가 지나치면 모든 문제를 억압과 비민주적인 방식으로 채결하려고 하며 개인의 자율성을 무시할 가능성이 있다.

탈권위주의가 지나치면 가정과 사회를 지탱하고 이끌어갈 정당한 권위마저 위협당할 우려가 있다.

청년기의 스트레스 유형

1) 지나친 경쟁에서 오는 외 · 내적 압박감

2) 목표 달성의 실패에서 오는 좌절감

3) 미래에 대한 불안감

4) 생의 중요한 선택을 위한 갈등

5) 인간관계에서 오는 소외감, 고립감

《청년기 갈등과 자기이해》 김애순 저

49점이 100점보다
나은 이유

사랑하는 예진이에게

예진아! 엄마는 네가 49점을 받고도 만족하는 사람이 되었으면 좋겠
어. 네가 최선을 다하여 공부했다면 100점을 받는 것보다 지금의 49점
이 나은 점수이라고 생각해. 이번 시험을 준비하기 위해 네가 한 노력을
엄마는 알고 있어. 네가 모르는 문제 때문에 늦도록 책을 찾았고 졸음을
참기 위해 눈꺼풀에 투명테이프를 붙였으며 미래를 걱정하며 쉬는 시
간에 괴로워했기 때문이야. 비록 이번 시험 점수가 49점이지만 난 네가
100점을 받은 것이라고 생각해. 물론 만점은 축하할 일이지만 최선을
다한 지금의 49점에 비하면 숫자에 불과하다고 엄마는 생각한단다.

예진아! 산에 오르는 것을 삶의 목표로 하는 사람이 있다고 가정해
보자. 그 사람은 이 세상에 가장 높고 아무도 가 본 적이 없는 험한 산

을 모두 다녀왔어. 그런데 그가 남보다 기량이 뛰어났다는 것을 자만하며 산다면 그 사람을 부러워하지 마. 오히려 오르지 못한 산을 가기 위해 노력하는 사람을 부러워해. 자만하는 사람은 목표가 없기 때문이야.

너는 공부를 잘하는 친구가 놀기도 잘하고 이해력이 뛰어나고 응용력이 남다르고 사교성이 뛰어나며 날씬한 몸매까지 가지고 있다고 부러워했지만 엄마의 생각을 달라. 그 친구는 자신보다 부족한 사람의 노력하는 마음을 이해할 수 있는 기회가 없기 때문이야.

너와 함께 갔었던 도서관 입구에서 책을 읽는 할머니를 보며 우리가 감탄했었지? 나는 그 할머니가 참 아름다웠어. 할머니의 주름진 손가락에는 아무런 장신구도 없었지만 대신 깨끗한 손수건을 가지고 계셨고, 검게 그을린 거친 얼굴이었지만 화장을 하는 대신 안경을 쓰신 모습을 보고 너도 감탄했잖니? 젊은 사람에게 있는 희망이 나이 들면 없어진다고 비관하며 살지 않고 아직도 무엇인가를 배우려고 하는 할머니의 모습에서 희망을 보았기 때문이야.

그런 의미에서 사회적으로 성공한 사람이 평범한 사람의 생각을 폄하한다면 그 사람의 성공을 부러워할 필요가 없어. 그보다는 사회적인 잣대로 세상을 보지 않도록 오늘의 49점에게 박수를 보낸다. 왜냐하면 선입견을 가지고 살아가는 사람은 늘 누군가에게 상처를 주고 있지만 무엇을 잘못하고 있는지 본인은 알지 못하기 때문이야. 그런 사람의 자만으로 인해 상처받는 사람이 있어. 그러나 그런 사람은 세상을 이해하는 부분이 부족하면서도 오히려 자신은 많은 것을 알고 있다고 오해하기 마련이다. 학교에 의도적으로 실패를 경험하는 과목을 만들어 달라고 요청해 볼 참이었어. 실패는 자신을 돌아보게 만들고 자신을 겸손하게 만들며 겸손한 사람은 남을 이해하는 마음이 생기기 때문이지.

사교육을 받는 아이들이 어려운 문제를 잘 푼다고 너도 어떻게 하면 되는지 내게 물었지. 그리고 네가 기초부터 열심히 공부했고 교과서의 문제를 모두 이해했는데도 더욱 어려운 문제가 나와서 풀지 못한다며 하염없이 울었지. 하지만 나는 너에게 사교육을 시킬 마음이 없어. 지난번에 네가 "친구는 문제를 푸는 것이 나와 달라요. 문제를 푸는 데도 요령이 있어요. 그것을 알고 싶어요."라고 했기 때문이야. 나는 네게 요령을 알게 하고 싶지 않아. 너는 하루도 빠짐없이 공부를 했고 한 가지 문제를 풀기 위해 여러 가지 교과서와 참고서를 뒤적이다 얼굴이 벌겋게 상기되었지. 또 잠을 쫓기 위해 너의 예쁘고 긴 머리를 의자 뒤로 매달고 눈에 투명테이프를 붙여 나를 기겁하게 만들었을 때 엄마는 너에게 이미 100점을 주었어. 하지만 오늘의 49점이 너무 가혹하다며 현관 앞에 서서 눈물을 흘리는 너를 보며 요행을 바라는 마음이 아직 남아 있다는 것을 알았어.

그렇기 때문에 엄마는 너에게 포장된 길을 가게 할 마음이 조금도 없어. 이왕이면 가시밭길로 가게 할 참이야. 강남에 살면서 유명한 학원이 주변에 많이 있지만 난 절대 그곳에 보낼 마음이 없어. 어려운 문제를 풀 수 있는 요령을 배우게 하는 대신 차라리 교과서를 모두 찾아도 풀리지 않는 문제를 가지게 하고 싶단다. 사교육을 받아 가장 좋은 대학에 가게 하는 것보다 혼자 공부해서 삶을 아름답게 꾸밀 수 있는 목표를 갖게 하고 싶어. 노력을 했지만 성적이 높지 않다는 것보다 요령을 배워 세상을 삭막하게 살 것을 염려하기 때문이야. 그런 이유로 오늘의 성적을 저울에 올라간 너의 몸무게와 같다고 생각해라. 언제든 변할 수 있다는 것을 잊지 말고 그리고 오늘을 반성할 수 있는 기회로 생각하기 바라.

산에 오를 때를 생각해 보자. 제일 경치가 좋고 사람들이 많이 다니는 길이 있지만 그렇지 않은 길도 많이 있어. 아무도 가지 않는 작은 샛길을 선택하면 힘들고 시간도 오래 걸릴 것이 분명해. 하지만 남들이 보지 못하는 작은 웅달샘도 볼 수 있고 다람쥐가 도토리를 가슴에 품은 채 너와 마주할 수 있는 기회도 있지. 그리고 어디서도 경험할 수 없는 박하향도 맡을 수 있단다.

엄마는 세상을 너무 순탄하게 살아온 사람보다 고전을 면치 못하면서 자신의 힘으로 삶을 이끌어 가는 사람이 되길 바란다. 어려움을 모르고 살아온 사람들이 남을 이해하기란 쉽지 않기 때문이야. 어려움을 겪어 본 사람이라야 남을 이해할 수 있는 폭이 넓어진다. 그렇기 때문에 이제 너는 마음이 좀 더 커지고 넓어지고 단단해질 수 있는 기회가 주어졌기에 49점에 눈물짓지 말고 너그러운 웃음을 지을 수 있으면 된단다.

지금부터 정확하게 네 나이가 70의 노인이 되었다고 생각해 보자. 학창 시절에 모든 능력이 뛰어났던 친구와 네가 지금 같은 자리에서 만났다면 너는 분명 그 친구보다 많은 사람의 아픔을 이해해 주었기 때문에 친구보다 더 여유로운 웃음을 지을 수 있을 거야.

미운 아이 떡 하나 주고 예쁜 아이 매 한 대 준다는 옛말이 엄마와 같은 경우라는 것은 비약이 심하다며 "그럼 사교육을 시키는 부모는 모두 자식을 사랑하지 않아서 그러는 것이에요?"라고 너는 나에게 물었다. 네 물음은 당연한 것이다. 그런데 그것은 부모의 교육 방식의 선택이다. 나는 좋은 성적을 받게 하는 것보다 좋은 성적을 받도록 노력하는 사람으로 가르치고 싶다는 것이다. 교육비를 아끼기 위해 너를 고생시킨다고 해서 나를 속상하게 했지만 너에게 세계여행을 시켜 주기 위해 보여준 네 이름의 통장에 아직도 적지 않은 돈이 들어가고 있다는 것만 알아두었으면 해. 그리고 나는 너의 친엄마가 맞단다.

고1 중간고사 수학 점수를 49점 받아온 날

엄마로부터

아빠 회사 방문기

　　　　　　　　　　　　"엄마! 나도 '지오디(god)' 팬클럽에 가입하면 안 돼요?"

학교에서 돌아온 예진이가 저녁을 준비하는 내 등에 대고 한 말이었다.

"왜 그러고 싶은데? 네가 공부하기도 바쁜데 연예인 클럽에 가입하고 싶니? 공부에 방해될 것 같은데!"

내가 해결해야 하는 문제가 또 하나 생겼다는 부담감이 밀려왔다. 예진이의 변화에 어떻게 답을 해야 할지 갈피를 잡을 수가 없게 되자 머리는 복잡하고 가슴은 답답했다.

"우리 학교 전교 1등인 경민이도 팬클럽에 가입했단 말이에요. 경민이를 보면 공부에 지장을 주지 않는 것이 분명해요. 경민이는 지난 토

요일 지오디 공연장에 갔는데, 엄마 아빠가 표를 사 주셨다고 자랑했어
요."

요즘은 아이만 비교 당하는 것이 아니었다. 언제든 부모도 다른 부모
의 대열에 횡렬 종대로 서서 비교 대상이 된다.

"그래 어디 생각해 볼게. 대신 너도 네가 진정으로 원하는 것이 무엇
인지 생각해 봐라. 네 꿈인 의사가 되기 위해 과연 지오디 팬클럽에 가
입하는 것이 올바른 것인지를 말하는 거야."

"글쎄, 공부 잘하는 경민이도 문제없다고 했잖아요!"

공부 이외의 것을 하기에 부모 입장에서 예진이는 불안한 아이였다.
스스로 절제가 되지 않아 한 번 허락을 하고 나면 공부를 하는 데 집중
을 하지 않거나 성적이 크게 요동치는 것을 알기 때문에 허락을 할 수
없었다. 또한 예진이는 내가 허락을 하면 다른 것들은 제쳐 버리기 때
문에 나의 부담은 컸다. 하지만 예진이도 스트레스를 풀 수 있도록 해
줘야 한다는 점에서 나에게도 생각할 시간이 필요했다. 사실인지 모르
지만 공부 제일 잘하는 경민이 덕에(?) 절대 물러설 것 같지 않았다.

해결되지 않는 문제는 시간을 두고 생각해 보면 답이 저절로 나오는
경우가 있었다. 나는 예진이에게 시간을 두고 생각해 보자고 제의했다.
예진이에게는 진심으로 하고 싶은 일인지 생각해 보라고 요구했고, 나
자신에게는 예진이에게 작은 즐거움을 선물해야 하나 말아야 하나 선
택이 남아 있었다. 하지만 나는 이미 예진이가 흔들리거나 성적이 떨어
질 것을 알고 있었다. 팬클럽에 가입하면 수시로 메일을 확인한다거나

공연에 참가하느라 시간을 빼앗길 것이기 때문이다. 그러나 더 큰 문제는 예진이가 진심으로 원한다면 허락해야 한다는 것이다. 그래서 나는 좀 고전적인 방법을 사용했다.

나는 남편에게 알리지 않고 예진이에게 아빠 회사에 가자고 했다.

"왜 아빠 회사에 가는데요?"

"서프라이즈지 뭐. 그냥 오늘은 아빠를 놀래 주고 저녁도 먹고 오자!"

잠시 망설이던 아이가 순순히 따라왔다. 오후 3시경에 집에서 출발하여 남편이 있는 회사에 도착했다. 건설회사에 다니는 남편은 아파트 공사 현장에서 근무하고 있기 때문에 언제나 작업복, 작업화, 안전모를 착용했는데 현장에 근무하는 모든 분들이 똑같은 복장이어서 남편을 찾기가 어려웠다. 나는 예진이를 현장 가까이 데리고 가서 그곳에서 일하는 분들을 보면서 아빠를 찾게 했다. 한여름이라 오후 5시가 되었는데도 해가 뜨거웠고 날은 몹시도 더웠다.

"엄마! 아빠에게 전화해서 우리가 왔다고 해봐요."

"그래, 그런데 우선 저 속에 아빠를 찾아보자."

"아빠도 저렇게 무거운 짐을 지고 다니는 것은 아니잖아요."

나의 어투로 의도를 미리 짐작한 예진이가 퉁명스레 대답했다. 그런데 전화를 받고 달려 나온 아빠도 작업복을 입고 안전모를 쓰고 땀과 더위에 찌든 모습인 것을 보고 예진이는 놀라는 눈치였다. 아침에 양복을 입고 출근하는 모습만을 보았으니 그럴 만도 했다.

“웬일이야? 여기까지. 잠시 기다려. 조금 내려가면 햄버거 집 있어 .
거기서 기다려.”

아빠를 기다리는 예진이의 모습은 조금 전과는 달라보였다.

“엄마, 왜 아빠도 작업복을 입고 있어요?”

“현장에서 일을 하시니까 그렇지. 몰랐어?”

“네! 난 아빠가 사무실에만 계시는 줄 알았어요.”

그날 이후 예진이가 지오디 팬클럽에 가입한다고 하면 ‘아빠를 생각
하면 그렇게 말하고 싶냐? 아빠도 하고 싶은 것을 다하지 못한다. 너를
위해 아빠도 힘들게 일하고 계신다.’ 등등 여러 가지 말을 해주려고 준
비했건만 그 뒤로는 예진이는 팬클럽 이야기를 꺼내지 않았다.

나중에 아이에게 그때 일을 물어본 적이 있었다.

“뻔하잖아요. 엄마는 꼭 그런 식으로 해결하더라고요! 알고 있었어
요. 그래서 관뒀어요. 나도 공부에 방해되는 것을 알고 있어요. 하지만
그때 못해본 것은 후회가 돼요.”

나도 예진이에게 어린 시절 한번쯤 해볼 수 있는 일을 못하게 한 것
이 무척 아쉽고 안타까웠다고 말해 주었다.

예친이가 하고 싶은 것을 못하게 되면 그 욕구의 강도만큼 설명을 해
서 이해를 시켜 주어야 했다.

대안 찾기

아동과의 관계에서 문제에 직면했을 때 대안에 대해 탐색하도록 도와주는 것은 중요한 문제 해결 방법이다. 예를 들어 백화점에 가자는 A, B 아이들과 놀이터에 가자는 C 아이를 설득하는 데 있어서 A, B가 C에게 원하는 장난감을 주고 백화점에 가자고 했을 때 C가 만족하고 따라올 수 있도록 유도하는 것이다. 대안을 찾는 방법은 아동으로 하여금 문제를 규명하고 해결하는 데 유익한 적절한 방안을 선택할 기회와 경험을 제공하는 것이다.

《훈련중심 – 부모교육》 이숙, 우희정, 최진아, 이춘아 공저

목표하는 대학 다녀오기

영자신문반이던 예진이가 고등학교 2학년 때 '대학 탐방기'라는 제목으로 영문 에세이를 작성하기 위해 연세대학교와 고려대학교를 다녀온 적이 있었다. 대학의 연혁과 미래 그리고 분위기를 보기 위해 토요일을 대학에서 보내야 하는 일정이었다.

하루를 전부 보내야 하기 때문에 공부에 방해된다는 생각에 처음부터 마땅치 않아 했던 나를 뒤로 하고 친구들과 들뜬 마음으로 예진이는 떠났다.

"한동안 힘들었을 텐데 스트레스라도 풀고 오라는 맘으로 보내."

남편이 안절부절 못하는 나를 위로해 주었지만 곧 있을 중간고사를 생각하니 쉽게 마음이 정리되지 않았다. 그렇지 않아도 지친 목소리와 짜증 섞인 태도로 나를 힘들게 했기 때문에 이번 일을 계기로 한번 혼을 내야겠다고 생각하며 예진이를 기다렸다.

"저만 힘들어? 나도 힘들다고. 끌려가는 것보다 끌고 가는 것이 더 힘든 거 아냐?"

예진이가 없다고 생각하니 그동안 눌려 있던 마음을 친구에게 쏟아 내게 되었다.

"그러게 나도 죽을 맛이야. 어서 이 늪을 빠져나와야지 살지, 안 그러면 못살겠다, 얘."

같은 학년의 아이를 둔 친구가 맞장구를 쳐주어 예진이가 없는 시간에 친구와 풀리지도 않을 스트레스를 풀려고 했다.

스티커 사진을 찍고 저녁을 먹고 와야 하니 용돈을 달라던 예진이에게 투덜거리며 돈을 주었으니 일찍 오지는 않을 것 같아 저녁을 먹으려고 하는데 예진이가 돌아왔다. 신촌에 있는 연세대학교부터 안암동에 위치한 고려대학교까지 다녔기 때문에 배가 몹시 고프다며 밥을 달라는 말로 인사를 대신하며 들어왔다.

"왜 이렇게 일찍 왔어?"

기대하지 않은 선물을 받은 것 같아 반갑게 예진이를 맞이했다. 그리고 그런 예진이 몰래 흉을 보았다는 것에 미안한 마음이 들었다.

아침부터 투덜대는 엄마에게 예진이도 속이 상했는지 작게 실눈을 만들고는 씻고 오겠다는 말을 했다.

"어땠니? 대학교에 가본 느낌이 어때?"

저녁을 먹는 예진이에게 물어보았다.

"너무 멋있어요. 학생들도 멋있고 대학도 멋있어요."

간단하고 짧은 대답이었지만 예진이가 받은 느낌이 전달된 듯했다.

"그래 멋있겠지. 어떤 점에서 멋있었니?"

"공부를 잘하면서도 얼굴도 멋있고, 얼굴에서 공부 잘하는 사람의 당당함이 느껴져서 더 멋있었고, 그리고 대학교는 고등학교와 다르게 건물이 웅장하고 고풍스러웠어요. 그리고 학교가 생각보다 넓고 컸어요."

그 마음을 모르는 것이 아니었다.

"그래, 그래서 엄마가 너보고 열심히 공부하라고 하는 거야."

"엄마! 나는 대학에 가고 싶다는 생각만 했지 눈으로 직접 보니까 처음엔 겁이 났어요. 이렇게 많은 대학생들이 모두 높은 점수를 받아서 여기까지 왔다는 생각을 하니 내가 우물 안의 개구리가 된 것 같았어요. 교복까지 입고 가서 그런지 초라한 느낌이 들었어요."

학교에서 하는 행사이기 때문에 반드시 교복을 입고 가야 했다.

"사실 그동안 많이 지쳤어요. 힘들고 지쳐서 이렇게 힘든 공부를 꼭 해야 하나 싶었어요. 그래서 쉬운 길을 찾고 싶었어요. 요즘엔 공부가 적성에 맞질 않는 것 같았고 너무 몸이 힘들었어요. 잠이 오는 것도 못 참겠고요. 그런데 대학교에 있던 그 많은 대학생들이 나와 같은 시간을 다 이기고 대학교에 들어왔다고 생각하니까 내가 너무 약한 마음을 가졌던 것 같았어요. 모두들 힘들고 어려워도 다 이기고 나니까 저런 멋진 모습이 된 거라고 생각했어요. 다음에 반드시 나도 대학생이 되어 저런 멋진 얼굴과 행동을 하겠다고 생각하니까 밖에 있기 싫어져서 그냥 돌아왔어요."

기대하지 않는 예진이의 말에 가슴이 벅차왔다. 졸기도 많이 하고 묻는 말에 대답도 안 하고 늘 화가 난 얼굴을 하고 있던 예진이였는데 대학을 돌아보며 느낀 점이 많은 것 같았다.

아이들이 공부에 흥미를 잃어갈 때 혹은 공부에 지치거나 공부가 잘 되지 않아 힘들어 하면 목표로 생각하는 대학에 다녀오게 하면 좋겠다고 생각한다. 예상외로 좋은 느낌을 받고 돌아와 나아진 아이를 만날 수 있을 것이다.

입시전형 미리 파악하기

가고자 하는 대학의 입시전형을 미리 알아두어야 한다. 수시로 학생을 선발하는 대상과 시험일시가 대학마다 다르기 때문에 고등학교 3학년이 되어 알아보면 대학에서 요구하는 과정을 채우지 못하는 경우가 있다.

엄마의 믿음이 키우는
속이 꽉 찬 아이

아이를 집에서 공부시킬 때 엄마는 아이에 대한 믿음과 배려, 그리고 욕심 없는 마음을 가져야 한다고 생각한다. 그것만으로도 아이에게 힘이 되어 주기 때문이고 그런 마음이 없다면 절대 성공할 수 없기 때문이다.

예진이와 함께 보낸 시간을 돌아보면 역시 엄마의 역할이 중요하다는 것을 알게 된다. 왜냐하면 예진이는 엄마의 결정에 따라 움직였기 때문이다. 사실 나는 그 시기에 분명 흔들렸고 또한 불안했다. 수능을 목전에 두었을 때 나는 거의 먹지도 못하고 잠도 잘 수 없는 상태가 되었다. 예진이가 수능을 보고 있는 동안 나는 학교 앞에서 떠날 수가 없었다. 가장 큰 불안은 나로 인해 아이가 받을 상처였다.

늘 점수가 높지 않았던 예진이였고 고등학교에 올라와서는 은근히 학원에 다니고 싶다는 말을 했지만 나는 보내지 않았다. 예진이가 공부를 열심히 한다면 굳이 학원까지 보낼 필요가 없다고 생각했기 때문이었다. 하지만 수능을 보고 난 다음 낮은 점수로 인해 예진이가 받을 고통을 생각하며 자책을 할 수밖에 없었다.

이제 나는 뒤를 돌아보며 내가 과연 올바른 판단을 했는지에 대해 스스로 질문해 본다. 예진이의 꿈은 의사가 되는 것이었다. 하지만 예진이는 의대에 입학할 점수를 받지 못했고 대신 예진이가 원하는 대학에서 생명과학을 전공하고 있다. 내가 예진이를 학원에 보냈다면 의대에 갈 수 있지 않았을까를 자문해 본다.

하지만 내가 의대에 다니는 예진이가 아닌 지금의 예진이를 원하고 있다는 것을 다시금 확신한다. 지금의 예진이는 누구보다 겸손하다. 외동딸이라고 생각할 수 없을 만큼 다른 사람을 배려하고 이해하려고 한다. 그것은 혼자 공부하면서 생각이 깊어졌기 때문이다. 의사가 되기 위해 반드시 필요한 마음이 아닐까 생각한다.

아이가 혼자 공부하기를 기대하는 엄마라면 나무를 심는 마음가짐이어야 한다. 세월이 흐르면 나무가 굵어지면서 나이테가 생기는 것을 상상해야 한다. 이 과정에서 나무는 거친 눈, 비와 강한 바람, 태풍에 흔들리겠지만 그래도 어느새 태양의 힘으로 굵어진다. 이처럼 아이도 많은 고충을 겪게 되리란 것을 각오해야 한다. 그러나 그 속에서 아이는 조금씩 자란다.

더 굵게 더 높게 더 싱싱하게 자라기를 바란다면 여러 가지 방법이 있겠지만, 분명한 것은 아이가 집에서 공부하더라도 튼튼하게 자란다는 것이다. 이때 엄마는 아이가 처음부터 좋은 성적을 얻기를 바라는 마음만 없으면 된다. 예진이 같은 보통의 아이가 혼자서 공부하게 되면 단숨에 최고가 되기는 힘들다. 그래서 늘 모의고사의 점수가 절망적이고 고등학교 내신이 중학교 때보다 떨어져서 퇴행하고 있는 듯 보였다. 그래서 불안한 마음이 들 수밖에 없었다. 그 과정 속에서 예진이는 힘들다며 반항하기도 했다.

어느새 훌쩍 커버린 예진이의 눈을 맞추기 위해서 올려다봐야 했지만, 내 마음속에서는 언제나 작은 아이였다. 아침에 메고 가는 무거운 가방 안에 절망이 담겨 있으면 희망으로 다시 채워 주었지만, 저녁에 돌아오는 예진이의 가방 안은 어김없이 절망으로 가득 차 있다는 것을 나는 알았다. 그런 모습에서 예진이는 길을 잃고 방황하는 그저 작은 아이라는 생각이 들었다. 인생을 책임질 중요한 시험을 단 한 번으로 결정하는 현실을 감당하기에는 너무 어린 아이일 뿐이었다.

예진이가 가고자 하는 의대는 높은 점수를 받아야 입학할 수 있었다. 그래도 나는 예진이에게 자주 '김 닥터'라고 불러 주었다. 예진이는 의사가 되지도 않았고 자신의 점수로는 될 수도 없다며 짜증을 내었다. 하지만 "엄마는 그렇게 될 수 있다고 믿고 기원하는 마음이야."라고 말해 주면 예진이의 뒷모습에서 자신감이 피어오르는 것을 느낄 수 있었다. 엄마의 믿음으로도 힘을 받는 아이였다.

그런 어린 아이이기 때문에 성적이 나오는 날엔 무슨 일이 있더라도 위로해 주었다. 다음날 화를 낼지언정 점수가 나오는 날에는 예진이의 눈치를 보았다. 낮은 점수를 받게 되면 예진이가 내일 어떤 공부를 해야 될지 몰라 괴로워하기 때문이었다. 익숙해지고 너덜너덜해진 교과서를 다시 넘기다가 잠들어 있는 예진이의 눈에 고인 눈물을 보았다. 그럴 때 믿어 주고 북돋아 주고 안아 주고 맛난 것을 사 주고 그리고 푹 재워도 엄마보다 아이가 더 괴롭다는 것을 알았다.

"더 나아질 수 있다는데 왜 그렇게 힘들어 하느냐?"라고 예진이에게 물어보았다. 예진이는 "학교에 가면 친구들의 잘 나온 점수를 볼 때마다 자신이 너무 초라해져서 차라리 다 그만두고 싶다."라고 했다.

수능을 보는데 첫 시험을 엉망으로 보았고 둘째 시간 첫 문제부터 도저히 풀 수 없다는 것을 알게 되자 시험을 그만 보고 벌떡 일어나 문을 박차고 아무 곳이든 달아나고 싶었다고 예진이는 말해 주었다. 그 말을 듣고 너무도 힘들어 하는 작은 아이라는 생각이 들었다.

다른 동물은 태어나면서 걷지만 인간은 18세가 지나야 비로소 다 자란 것이다. 그런 여유가 우리 엄마에게 있어야 한다. 혼자 공부하는 아이의 엄마가 성적에 대해 초월한 마음으로 아이를 바라볼 수 있다면, 너무 장난이 심해서 수업에 방해가 되는 산만한 아이라고 선생님이 넌지시 질타를 하든 독서량이 적어 이해력이 떨어진다는 통지문을 학교에서 받든 아이는 잘 자라서 어떤 고난에도 흔들리지 않는 속이 꽉 찬 아이가 되어 준다.

수오지심
羞惡之心

"왜 학원을 안 보내시나요?"

예진이가 중학교 입학하고 얼마 지나지 않아 담임선생님이 나를 따로 불러 물어보았다.

"혼자 공부할 수 있는 방법을 알려주고 싶었고, 예진이도 초등학교 내내 잘 따라와 주었습니다."

선생님의 질문을 받았을 때 나는 몹시 당황했다. 걱정스런 선생님의 눈빛에서 나와 세상이 달리 움직이고 있다는 것을 느낌으로 알게 된 순간이었다.

"다행입니다. 집안에 문제가 있는 줄 알았어요."

의심스런 마음을 그대로 가지고 있는 선생님의 대답이었다.

선생님에게 부연 설명을 더 했던 것 같다. 그리고 돌아오는 길에 망

치로 머리를 세게 얻어맞은 듯 정신이 하나도 없었다. 요즘은 사교육을 받지 않으면 문제 있는 가정이거나 부모가 아이의 공부에 신경을 쓰지 않는 경우로 해석한다는 점에서 놀라웠다.

어느 학원이 잘 가르치고 유명한지를 찾아가는 것도 부모의 능력이 되는 현실에서 사교육을 하지 않는 경우 문제 있는 부모가 되는 것이 서글펐다. 아이의 교육이 경제력과 연결된다는 점에서 나의 교육관이 무색해졌던 일이었다.

그날 예진이에게 교육에 대한 나의 생각을 설명했다. 공부란 하루아침에 성적을 올리는 것이 아니라 모르는 단어가 나오면 사전을 찾고, 궁금한 것이 있으면 책을 뒤지며 풀리지 않는 문제를 해결하기 위해 밤을 새우는 열정이라고 예진이에게 설명해 주었다.

"말을 물가로 끌고 가서 억지로 먹이는 것과 가기 전에 물의 필요성을 충분히 설명하고 물가로 가는 방법을 알려준 후 스스로 가게 하는 것 중 어느 방법이 빠르겠니?"

예진이는 엄마와 공부하는 것이 좋다는 판단을 스스로 했지만 혹시 예진이가 선생님이나 아이들로부터 같은 질문을 받게 되었을 때 당황하지 않도록 설명해 주었다.

예진이가 중학교 3학년 때 담임선생님이 나를 따로 부르셨다. 또 도마 위에 올라가는 심정이었다. 나에겐 문제가 별로(?) 없으며 아이의 가능성을 믿는다는 말을 준비하고 갔다. 그런데 선생님은 초등학생 자녀를 둘이나 두셨고 예진이와 마찬가지로 혼자 공부하는 아이로 키우고 싶다는 말씀을 하시며 나의 방법을 물어보셨다. 예상이 빗나간 질문이어서 충분히 설명하기까지 시간이 필요했지만 이전의 선생님에게 한 대답보다 성심껏 설명했다.

장난꾸러기였으며 매우 산만하던 예진이가 대학생이 되고 나서는 이기적인 마음이 많이 줄어들었다. 우리 아파트 입구에서는 30도가 넘는 더운 날이나 영하 10도 이하의 추운 날에도 빠짐없이 나와 야채를 다듬어 팔고 있는 할머니가 계신데 예진이가 자주 용돈으로 야채를 사서 들고 온다. 그런 예진이의 행동을 보며 어렵게 공부하면서 마음도 함께 자랐다는 생각을 하게 된다. 바른 공부 방법을 강조하는 과정 속에서 예진이가 바른 마음으로 성장한 것 같았다.

뉴스에서 사교육에 대한 문제점을 이야기할 때마다 자녀가 잘되기를 바라는 부모와 그 자녀들의 먹먹함을 요즘도 나는 느끼게 된다. 정책적으로 교육에 대해 많은 대안이 나오고 있지만 내 생각은 공부는 자신과의 싸움이라는 점에서 교육의 대안을 찾아야 한다고 말하고 싶다. 특히 경제력이 뒷받침되지 않더라도 아이가 성공할 수 있는 방법과 어렵고 오래 걸리더라도 바른 교육의 방법을 제안해 본다.

혼자서 공부하도록 한 나의 방법으로 인해 예진이가 대학에 입학하지 못하게 되어 엄마를 또는 세상을 원망하는 일이 생기면 어쩌나 걱정하던 때가 있었다. 성적이 오르지 않는다는 것 때문에 처진 어깨를 하고 지친 얼굴로 학교에 가버린 예진이를 생각하며 흔들릴 때도 많았다.

하지만 예진이는 원하는 대학에 입학했다. 혼자 한 공부가 틀리지 않다는 것을 증명한 것이다.

"엄마, 저는요, 아무리 어려운 문제가 나와도 해결할 자신이 있어요."

대학생이 된 예진이가 혼자 공부했던 과정으로 인해 자신감이 생겼고 그로 인해 미래에 대한 두려움이 없어졌다는 말을 해 주었다. 대학 입학 통지서를 받고 예진이와 소리 높여 고함을 질러대던 것보다 더 큰 소리로 외치고 싶었다. 참 다행이라고.

장맛비가 밤새도록 내리더니 오늘은 하늘에 간간이 햇살이 보인다. 창가에 내놓은 라벤더에서 습도에 눌려 향이 묻어 나온다. 라벤더 향기처럼 예진이가 어떤 난관에 부딪혀도 해결할 수 있다는 것을 안다. 친구와 다툼을 하여도 남 탓을 하지 않고 자신을 뒤돌아볼 수 있는 기회로 생각할 것이며 배우지 않은 전공과목을 밤새워 공부할 것이다. 무거운 짐을 들고 가는 나약한 사람에게 아낌없이 베풀고 교수님과 인터넷에서 일촌을 맺으며 관계를 쌓아가고 있어 다행이다. 이제 예진이가 가야 할 길이 가시밭이든 비단이 깔린 화려한 길이든 그건 예진이 몫이다. 하지만 그 어떤 길도 스스로 헤쳐 나가며 살 것을 믿는다.

2년 전에 지병으로 세상을 떠나신 나의 아버지께서 자식을 키우는 일은 나무를 가꾸는 것과 같다고 하셨다.

"정성이 들어가야만 잘 자라는 것이다. 지나치게 많은 비료는 나무를 타 죽게 하고 지나치게 많은 물은 뿌리를 썩게 한다. 언제나 상태를 살펴가며 정성을 다해서 돌봐야 하는 것이 나무와 자식이 같다."

아버지의 말씀이 맞았다.

많은 양의 학습은 아이를 힘들게 할 수 있다. 많은 양의 비료와 같다. 부모의 불안과 지나친 기대가 아이에게 스트레스를 준다. 많은 양의 물과 같다. 성장을 눈으로 확인할 순 없지만 분명히 하루하루 자라주는 것과 같이 바른 교육은 나무가 자라는 것과 같다는 아버지의 말씀을 나는 경험으로 알게 되었다.

아이를 최고로 키울 것인가, 최선을 다하는 사람으로 키울 것인가의 선택에서 나는 아이를 최고로 키우진 못했지만 최선을 다하는 사람으로 키웠다고 생각한다.

산만한 아이를 집중력 강한 아이로 키워낸 엄마의 교육비결

산만한 아이는 머리가 좋다

초판 1쇄 인쇄 2010년 12월 18일
초판 1쇄 발행 2010년 12월 23일

지은이 정윤서
펴낸이 김선식

PD 박은정
DD 최부돈
팝콘북스 박은정, 류선미, 송은경
마케팅본부 모계영, 신현숙, 김하늘, 박고운, 권두리
온라인 마케팅팀 하미연
광고팀 한보라, 박혜원
저작권팀 이정순, 김미영
디자인본부 최부돈, 황정민, 조혜상, 김태수
경영지원팀 김성자, 김미현, 김유미, 유진희, 정연주
외부스태프 본문디자인 유민경
자료제공 한국집중력센터 www.ikcc.co.kr(25쪽)

펴낸곳 (주)다산북스
주소 서울시 마포구 서교동 395-27
전화 02-702-1724(기획편집) 02-703-1725(마케팅) 02-704-1724(경영지원)
팩스 02-703-2219
이메일 dasanbooks@hanmail.net
홈페이지 www.dasanbooks.com
출판등록 2005년 12월 23일 제313-2005-00277호

필름 출력 스크린그래픽센타
종이 월드페이퍼(주)
인쇄·제본 (주)현문

ISBN 978-89-6370-490-6 03370